高等学校经济与管理类专业"十三五"系列规划教材·应用型

ERP 沙盘模拟——
企业经营实训教程

主 编 卓 攀
副主编 李 志 张海波

WUHAN UNIVERSITY PRESS

武汉大学出版社

图书在版编目(CIP)数据

ERP 沙盘模拟:企业经营实训教程/卓攀主编 . —武汉:武汉大学
出版社,2018.2
高等学校经济与管理类专业"十三五"系列规划教材·应用型
ISBN 978-7-307-19536-3

Ⅰ.E… Ⅱ.卓… Ⅲ.企业管理—计算机管理系统—高等学校—
教材 Ⅳ.F270.7

中国版本图书馆 CIP 数据核字(2017)第 188597 号

责任编辑:李 晶 责任校对:邓 瑶 装帧设计:张希玉

出版发行:**武汉大学出版社** (430072 武昌 珞珈山)
(电子邮件:whu_publish@163.com 网址:www.stmpress.cn)
印刷:武汉市江城印务有限公司
开本:720×1000 1/16 印张:11.5 字数:212 千字
版次:2018 年 2 月第 1 版 2018 年 2 月第 1 次印刷
ISBN 978-7-307-19536-3 定价:38.00 元

《ERP 沙盘模拟——企业经营实训教程》
编写委员会

主　编:卓　攀

副主编:李　志　张海波

参　编:刘永娜　肖　峰　顾丽莉

　　　　张　桦　王　珂

前　言

ERP(enterprise resource planning,企业资源计划)沙盘模拟是经济与管理类专业的一门综合性实践课程。ERP沙盘模拟教学是目前国内高校中主流的一种体验式的互动学习方式,它通过手工或电子沙盘模拟,把涉及企业结构与管理的诸多内容完全展示在沙盘或平台上,使每个学生都能直接参与模拟企业运作,体验复杂、抽象的经营管理理论,帮助学生将书本的理论知识融会贯通,从而使学生的学习内容既丰富又充满乐趣,培养具有企业管理思维的应用型人才。在我国,越来越多的高校已经引入ERP沙盘模拟,并作为经济与管理专业的必修实验课程。

ERP沙盘模拟课程融角色扮演、岗位体验、案例分析和交流讨论于一体,它最大的特点就是"让学生在经营过程中学习、体验、交流、提升"。学生学习的过程类似于在经营企业,会遇到企业经营中经常出现的各种典型问题,所以学生必须以团队的形式一起分工协作,寻找市场机会、应对企业运营危机、分析市场规则、制订战略目标,实施全面管理。在各种决策的成功和失败过程中,了解管理知识,感受团队合作,体验管理技巧,在激烈的市场竞争氛围中完成从知识到技能的转换。

由于ERP沙盘模拟具有体验性和综合性的特征,因此在高校中,通常可以从大一开始开设专业课程,让学生体验企业的基本经营情况,对企业各部门、各岗位人员的职能和工作内容有一个概括性的了解,这是学生了解并认识企业经营的最佳途径,对学生寻找职业兴趣点有很大的帮助。也可以在学生大四学完所有专业课程,具有一定的理论知识基础的时候开设,让学生理论联系实际,能够将理论知识在企业模拟中进行实践,其决策更具有明确性,有利于教师指导。

本书结合了教师用书和学生用书的特点,既有利于指导教师教学的理论知识部分和实验指导部分,又有满足学生使用的实验记录和参考的完整案例,适合作为高等院校本专科学生的实训教材。

本书由四川工商学院教师编写,卓攀担任主编,负责全书的统编定稿;李志、张海波担任副主编。具体编写分工为:第一章由卓攀、张海波编写;第二章由卓攀、李志编写;第三章由卓攀、张海波编写;第四章由卓攀、刘永娜编写;第五章由卓攀、肖峰编写;第六章由卓攀、顾丽莉编写;第七章由卓攀、张桦、王珂编写。

在本书编写过程中,得到了金蝶软件公司的指导和支持,还参考了其他相关资料,在此向这些资料的作者表示衷心的感谢。由于编者水平有限,书中不足的地方,欢迎指正。

编　者

2017 年 12 月

目　　录

数字资源目录

第一章　经营准备

【学习重点】
➤ 课程起源。
➤ 课程学习目标。
➤ 实训内容和考核方式。

【学习难点】
➤ 对经营岗位的认知。
➤ 对盘面的熟悉。
➤ 对经营企业现状的熟悉。

ERP 沙盘课程介绍

一、课程介绍

"沙盘"最早源于军事,即用沙土或其他材料做成的地形模型,后来不断发展演变,现在有地形沙盘、建筑模拟沙盘、工业地形沙盘、房地产沙盘、企业经营沙盘等。自从 1978 年被瑞典皇家工学院的 Klas Mellan 开发之后,ERP 沙盘模拟演练迅速风靡全球。现在国际上许多知名的商学院(如哈佛商学院、瑞典皇家工学院等)和一些管理咨询机构都在用 ERP 沙盘模拟演练,对职业经理人、MBA、经济管理类学生进行培训,以期提高他们在实际经营环境中决策和运作的能力。同时,沙盘模拟也成为世界 500 强企业广泛采用的一种经理人培训方法。

ERP 沙盘,是企业资源计划(enterprise resource planning)沙盘的简称,就是利用实物沙盘直观、形象地展示企业的内部和外部资源。借助 ERP 沙盘模拟,基本再现了企业经营管理的过程,将企业的主要部门和工作对象制作成类似的实物或电子虚拟模型,将企业运行过程设计为动作规则,进而模拟企业的经营过程,让受训者担任企业总经理、财务总监、市场总监、生产总监、研发总监、信息总监等职务,进行团队合作,模拟企业如何在资源有限的情况下,合理组织生产,力求做到利润最高、成本最低。这样,ERP 沙盘模拟就将企业的经营活动搬进了课堂。

20世纪80年代初期,ERP沙盘模拟课程被引入我国,率先在企业的中高层管理者培训中使用并快速发展。21世纪初用友、金蝶等软件公司相继开发出了ERP沙盘模拟演练的教学版,将它推广到高等院校的实验教学过程中。现在,越来越多的高等院校为学生开设了"ERP沙盘模拟"课程,并且都取得了很好的效果。

沙盘模拟早已风靡全球,成为世界500强企业中高层管理人员经营管理能力培训的首选课程。管理大师德鲁克说:"管理是一种实践,其本质不在于知而在于行;其验证不在于逻辑,而在于成果,其唯一权威就是成就。"北京大学、清华大学、浙江大学、中国人民大学等18所高等院校早已将沙盘模拟课程纳入其MBA、EMBA及中高层经理在职培训的教学之中。众多本科院校、高职院校也陆续引进沙盘模拟课程以供管理类专业课程教学所用。各软件开发公司也为沙盘模拟的应用和推广做着自己的努力,从2006年至今,用友软件连续举办了11届全国大学生ERP沙盘对抗赛,参与的大学生越来越多,比赛的规模也越来越大,成为国内各高校争先参与、有一定影响力的沙盘模拟大赛。

二、课程目标

1. 透过实战演练,洞悉企业成功的重要因素

- 要制订正确的经营战略
- 要依靠科技和管理形成企业的核心竞争优势
- 要诚信经营,树立良好的信誉形象
- 培养信息的收集能力与选择能力
- 培养对经营环境变化的适应能力
- 建立目标明确、执行高效的管理团队

2. 企业战略与经营应如何密切配合

- 了解企业经营的本质
- 确定市场战略、产品、市场的定位
- 掌握生产管理与成本控制
- 全面计划预算管理
- 科学统筹人力资源管理

3.提升企业的运营效率,以及创造价值的能力

- 产品研发投入与需求分析
- 生产线改造计划
- 市场开拓与投入
- 生产计划及成本控制
- 财务预算与现金流控制
- 高效合理的融资管理

4.衡量企业运营状况的方法与指标

- 偿债能力分析
- 资本结构分析
- 经营效率分析
- 盈利能力分析
- 运营能力分析
- 现金保障能力分析
- 成本分析
- 杜邦分析

5.在企业的战略与运营中不断创新

- 企业战略目标及管理
- 企业战略运行效果评价(平衡计分卡)
- 市场营销策略
- 生产与库存管理策略
- 财务管理策略
- 人力资源管理创新

三、课程内容

1.分组

以小组为单位进行训练,建议每次参加的小组最多为 8 个,每组成员5～6人,共同经营一家模拟公司,独立完成七年的经营,起始年由老师指导完成。每位成员在公司内各自担任不同的角色,并承担其对应的工作职责。其间,可以实行轮岗制。

2.实训报告

实训报告以每年编制的财务报表(现金流量表、综合费用表、损益表、资产负债表)、生产计划与物料需求计划表、销售订单统计表、广告投入单等作为依

据,拟编写本年度工作总结,并包含年初计划和年终总结。

3.讨论与总结

每个小组在年初要有本年度经营计划讨论,每年完成经营任务后要进行小组总结,并制定下一年的经营策略,课程结束后各小组还要对七年的经营成果和各自岗位职责进行总结和交流。

4.考评方式

以各小组七年运营成果排名和实训报告的完整性进行考评,具体分配如下:

- 企业经营总排名(40%)
- 财务报表的真实性、完整性(20%)
- 遵守经营规则和团队协作(20%)
- 实训总结报告质量(20%)

四、授课对象

经济管理类各专业,如市场营销、电子商务、人力资源管理、信息管理与信息系统、物流管理、财务管理、会计学等专业的大一或大三本专科学生。

五、场景模拟

沙盘模拟盘面,如图 1-1 所示。

六、企业资源

我们即将接手的公司是一家经营情况良好的本地企业,目前拥有一间厂房——新华厂房,建有三条手工线和一条半自动线,主力产品是 Beryl,产品的技术含量较低(图 1-2),全部产品只在本地市场销售,竞争不激烈,原管理层风格比较保守,在技术开发和市场开发方面投入比较少,倾向于保持现状。

根据权威市场咨询公司的信息,在未来几年,目前公司的主力产品 Beryl 的销量将持续下降,而且,公司目前主要投入的本地市场容量有限,缺乏成长性。市场趋势分析情况如图 1-3 所示。

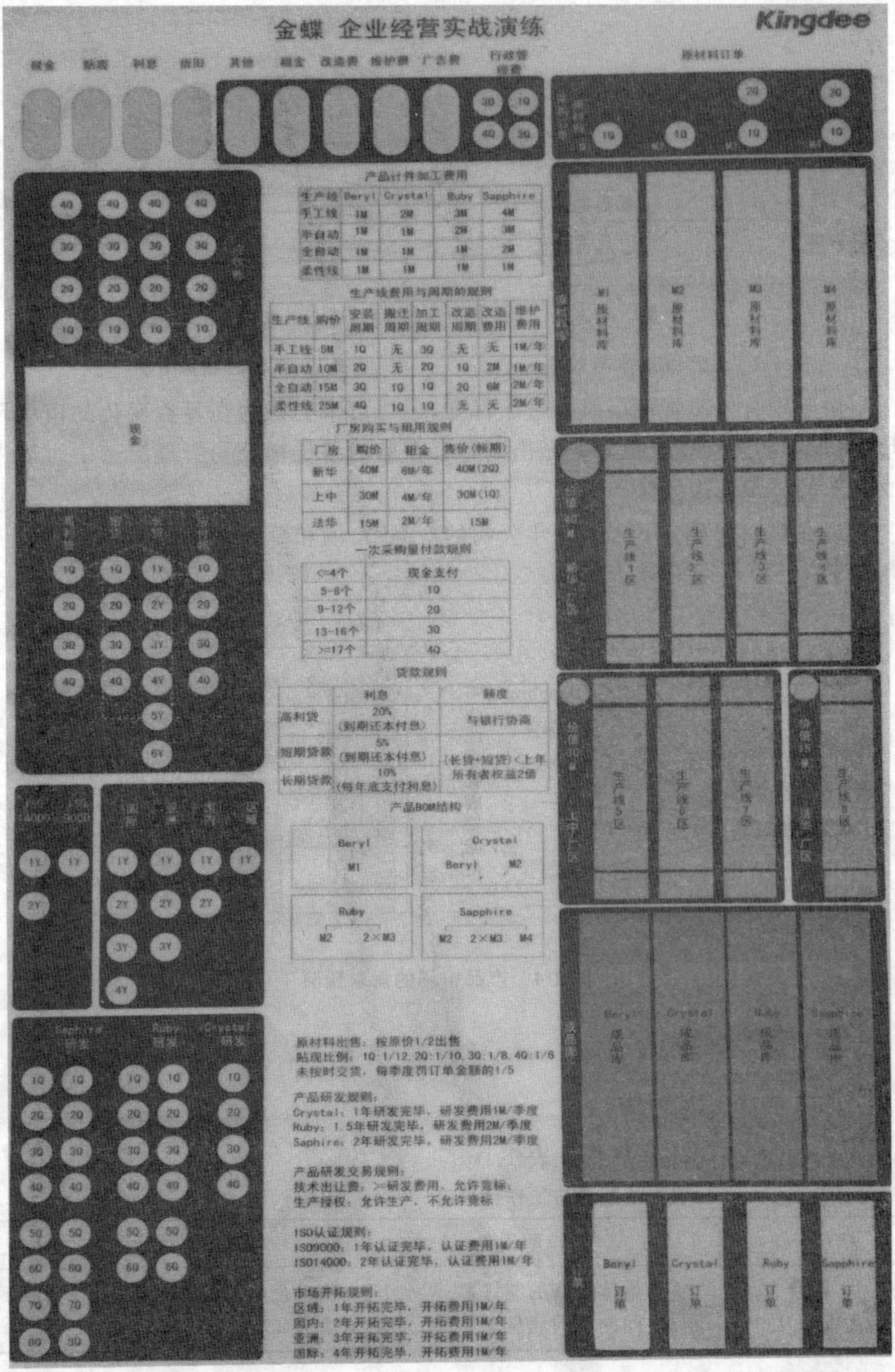

图 1-1 金蝶 ERP 沙盘模拟盘面

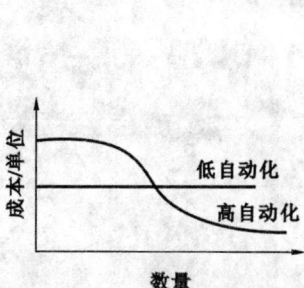

图1-2 生产线成本与效率

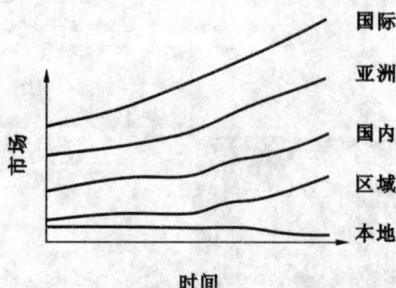

图1-3 市场总趋势分析

由于现有公司管理层风格过于保守,公司董事会认为在日益变化的市场环境下,现有高层管理人员需要做出调整。在座的各位被公司管理层选中组成未来几年的公司管理团队。

现在我们来看一下未来几年公司的产品、市场和价格发展的预测,如图1-4所示。

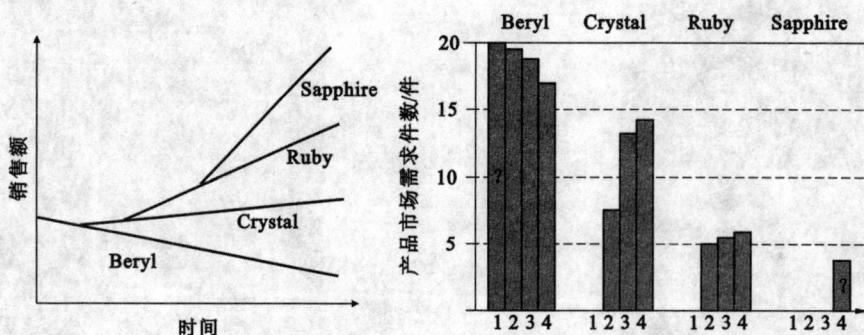

图1-4 产品市场的需求预测

七、角色模拟

1. 岗位分工与职责

各岗位职责与工作目标见表1-1。

企业经营认知
实训学员手册

表1-1　　　　　　　　各岗位职责与工作目标表

岗位分工	岗位职责	工作目标
总裁 (CEO)	负责整体战略的制订,协调小组成员之间的不同意见	确保企业的正常运作,引导企业不断走向成功

续表

岗位分工	岗位职责	工作目标
财务总监 (CFO)	负责资金运作,及时向银行申请各类贷款,特别需要关注公司现金流,每次现金的变动都需要登记入账,同时承担财务报表的制作工作,主要职责是不能出现现金流枯竭,同时控制成本	充分掌握企业财务状况,为决策提供支持,控制成本,做好资金规划和管理
销售与市场总监 (COO)	负责市场和销售工作,主要工作包括"抢单"和向其他竞争对手销售公司的产品,同时注意市场开拓的时机,研究产品在不同市场的价格走向,引导 CEO 作决策	洞悉市场变化,争取更有利于公司发展的市场环境,销售出尽量多的产品,每年争取拿到"好"订单(账期短、单价高)
生产总监 (CPO)	负责公司产品的生产与制造,包括制订原材料的采购计划和产品的制造计划,主要责任是按销售计划和预测按时生产并交货,同时控制库存和在制品的数量,有计划地进行生产线的升级、改建、转产等的协调管理,厂房的购买计划	低成本、高产能地按时完成生产任务,不让生产线闲置,及时与 COO 进行沟通,随时提供每个季度的产能情况,协助 COO 拿到"好"订单
研发总监 (CTO)	负责公司产品的研发、升级换代,熟悉产品的物料清单(BOM)结构,负责生产所需原材料的采购,并协助 CPO 制订原材料采购计划,研究产品的市场价值	监督产品技术研发,保证按时完成采购计划,控制采购成本
信息总监 (CIO)	负责获取竞争对手的情报并进行分析,为 CEO 决策提供依据,主要工作包括了解每一个竞争对手的信息,分析市场动向,协调与其他企业间原材料、产品间的流转和买卖,同时为各业务部门提供信息技术服务,协助各部门顺利完成每年的工作任务	规避风险,为企业发展提供必要的情报,提供更多的机会,提供更多的选择,知己知彼,百战不殆

2.座位安排

座位安排如图 1-5 所示。

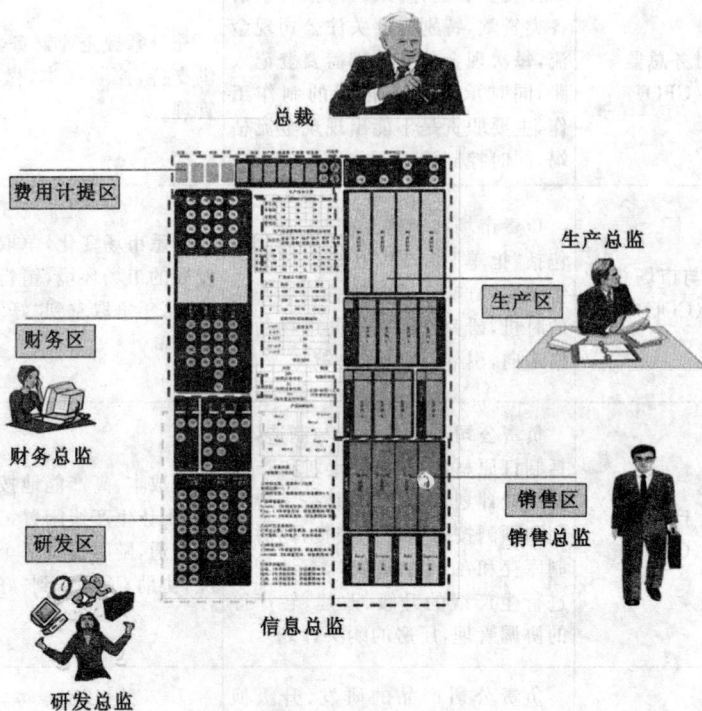

图 1-5　座位安排

第二章 经 营 规 则

【学习重点】
➢ 企业沙盘模拟运营规程。

【学习难点】
➢ 产品生产规则。
➢ 融资规则。
➢ 订单争取规则。
➢ 财务报表规则。

企业经营实训
——规则解释

在企业经营沙盘实训过程中,最为重要的就是要掌握"游戏"规则,读懂规则,熟记规则,是走上管理岗位的第一步。如果对规则不熟悉的话,在经营企业的过程中会遇到各种困难,可能会导致"罚款"、资金断裂、获取订单失败、生产闲置、财务报表总是做不"平"等情况;当然,如果能深刻理解规则,并合理地利用规则,那么将会制订出最优的经营目标和策略,帮助企业在经营过程中"步步为赢"。

一、企业融资规则

- 贷款总额(长期贷款+短期贷款)≤所有者权益×2。
- 短期贷款:利息 5%,到期还本金+利息,最长 4Q(Q 代表季度)。
- 长期贷款:利息 10%,每年度末支付利息,到期还本金,最长 4Y(Y 代表年)。
- 紧急贷款:额度不限,利息 20%,到期还本金+利息,最长 4Q。
- 贷款额度:1 千万元起贷,短期贷款 2 千万元起贷。
- 贴现:将应收账转为现金,应支付的费用比例如表 2-1 所示。
如拿 4Q 的 6 个贴现,1 个要交给银行,5 个转为现金。

表 2-1   贴现比例

应收账款	1Q	2Q	3Q	4Q
贴现比率	1/12	1/10	1/8	1/6

二、厂房购买或租用与生产线使用规则

厂房基本信息如表 2-2 所示。

表 2-2   厂房信息表

厂房	购价	租金	售价	容量
新华	40M	6M/年	40M(4Q)	4 条生产线
中上	30M	4M/年	30M(4Q)	3 条生产线
法华	15M	2M/年	15M(4Q)	1 条生产线

注:1M 代表 1 百万元,下同。

➤ 若厂房出售,只能按售价转让给银行,注意应收账款期为 4Q。

➤ 厂房不计提折旧。

➤ 厂房的租金从使用之日开始计算,不足一年按一年计算,每年年末一次性支付。

三、生产线建设、转产、折旧等规则

➤ 手工线先变卖给银行,收入 1M。

➤ 领取生产线,将现金按安装周期分期放在生产线上。

➤ 安装完成,将现金放入"设备价值"。

➤ 生产线不允许相互买卖,但可以租借。

➤ 生产线折旧:按原值 5 年平均折旧,如[10/5]=2。

➤ 刚建成的生产线,以及当期投入生产的生产线不计提折旧。

➤ 在制品不允许转产,每条生产线只允许一个在制品生产。

➤ 设备变卖按折旧后的净值,年末不考虑维护费。

➤ 生产线设备价值折旧完后,可不再折旧,但仍可继续生产,年末只需付维护费用(特殊规则)。

生产线综合信息见表 2-3。

表 2-3   生产线综合信息

生产线	购买价格	安装周期	生产周期	转产周期	转产费用	维护费用	搬迁周期
手工线	5M	1Q	3Q	无	无	1M/年	无
半自动	10 M	2Q	2Q	1Q	2M	1M/年	无
全自动	15M	3Q	1Q	2Q	6M	2M/年	1Q
柔性线	25M	4Q	1Q	无	无	2M/年	1Q

四、市场开发规则

➢ 企业目前在本地市场经营,新市场包括区域市场、国内市场、亚洲市场、国际市场。

➢ 不同市场投入的费用及时间不同,只有市场投入全部完成后方可接单。

➢ 所有已进入的市场,每年最少需投入 1M 来维持,否则视为放弃该市场。

➢ 各个市场的开拓可以同时进行。

➢ 市场开拓费用按研发时间平均支付,不允许加速投资。在资金短缺的情况下可以中断或终止,但已投入的资金不能收回,研发时间顺延,下一年继续开拓,但不能补投。

➢ 某一市场开拓完成以后,企业才能取得该市场的准入资格,即可在该市场内进行广告投入,争取客户订单,在此之前企业没有进入该市场销售产品的权利。

市场开发周期与费用见图 2-1。

市场	开拓费用	开拓时间
区域	1M	1年
国内	2M	2年
亚洲	3M	3年
国际	4M	4年

图 2-1 市场开发周期与费用

五、产品研发及 ISO 认证规则

➢ 企业可以自行决定何时开始研发何种产品,各种产品的研发可以同时进行。

➤ 研发费用按研发时间平均支付,不允许加速投资。

➤ 在资金短缺时,产品研发可以中断或终止,研发时间顺延,已投入资金不能收回,下一季度开始不能补投。

➤ 研发投入完成后,才能取得该种产品的生产资格。

➤ 产品研发成功后取得的生产权可在小组间转让,转让费用不得少于研发费用,具体转让价格由小组间自己协商,转让费用记入"营业外净收益"。

➤ Sapphire 每季度投入 2M,Ruby 每季度投入 2M,Crystal 每季度投入 2M。

➤ 在产品没有研发完毕时,不能生产,但是可以投标,如果 ISO 体系没有完成,则不能拿到标有 ISO 的订单。

产品研发与 ISO 认证定盘面如图 2-2 所示。

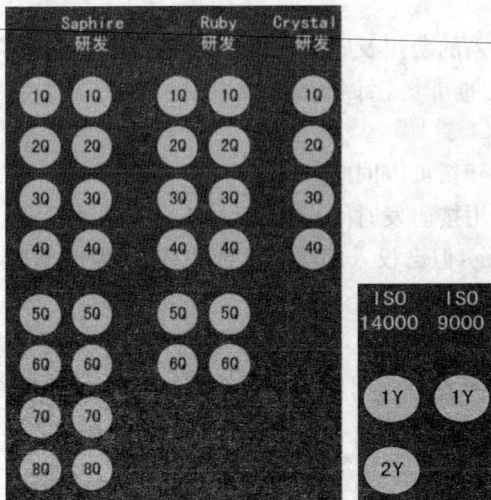

图 2-2 产品研发与 ISO 认证盘面

➤ 两项 ISO 认证可以同时进行,按建立年周期平均投入,不允许加速投资,中间可中断或终止。

➤ 年末才有一次投入的机会,其余时间均不能操作。

➤ 认证投入完成后,下一年才能获得相应 ISO 认证资格的订单,否则获取的订单无效,认证资格不允许转让。

六、产品与生产规则

➤ 产品物料清单结构如图 2-3 所示。

➤ 特别注意:在制造 Crystal(Beryl 升级版)时,必须把 1 个 Beryl 成品和 1 个 M2(第二类原料)放在一起,然后加上对应的制造费用。

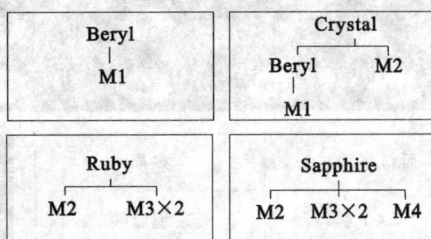

图 2-3 产品物料清单结构

> 企业间允许相互买卖产品,价格由小组间自己决定,但在计算购买产品的成本时,要按购入单价计算,而不是按原材料+加工费用计算。

> 产品的生产除了需要原材料外,还需要支付相应的加工费用,不同的生产线生产不同的产品。加工费如表 2-4 所示。

表 2-4 　　　　　　　　　各生产线的产品加工费

产品	手工线加工费	半自动加工费	全自动/柔性线加工费
Beryl	1M	1M	1M
Crystal	2M	1M	1M
Ruby	3M	2M	1M
Sapphire	4M	2M	1M

> 在制造 Beryl 产品时,使用了价值 1M 的原料,同时付出了 1M 的制造费用,所以,计算价值时按照 2M 计算,其他类型的在制品和成品按照同样原理处理。

七、材料采购规则

> 采购提前期:M1,1Q;M2,1Q;M3,2Q;M4,2Q。

> 原材料变卖给银行,按原价值的 1/2 处理。

> 组之间可相互转让原材料。

> 不同的原材料价格在一般情况下均相同,按 1M 定价,但裁判员也可以根据市场情况,引入竞争机制,限定某一年某一种或几种原材料总数量,也可以随机抬高原材料价格,刺激原材料订购对小组资金战略的冲击。

> 对于一次采购数量多的原材料订单,给予一定的财务政策优惠,具体优惠如图 2-4 所示。

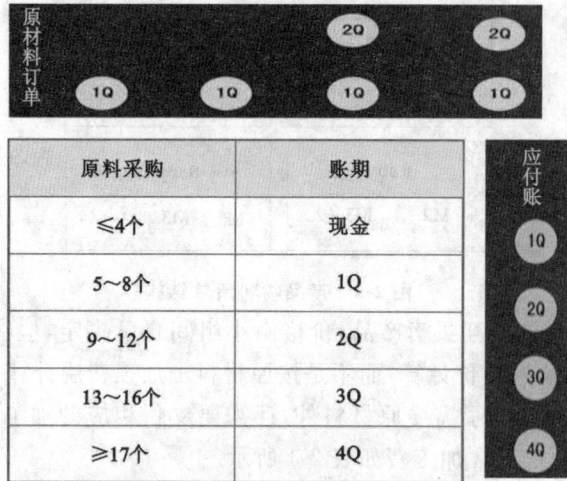

图 2-4　原材料订单与采购相关盘面

八、订单交货规则

➤ 普通订单：按季度生产，按规定的交货期交货，销售收入按应收账款处置。

➤ 加急订单：一季度后交货，销售收入无账期，可以直接归入现金。

订单信息与订单应收账款盘面如图 2-5 所示。

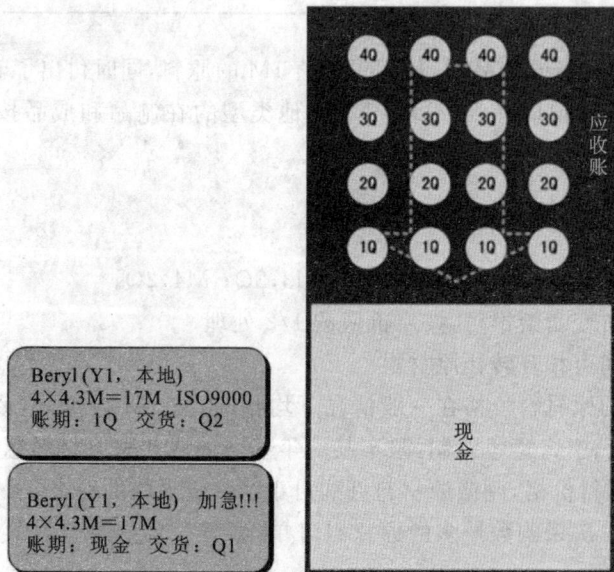

图 2-5　订单信息与订单应收账款盘面

➢ 无法按时交货：每过一个季度，按订单金额 1/5 罚款。

➢ 普通订单交货后，按订单上的账期放入应收账款对应季度，严禁将销售收入直接放入现金池。

➢ 如果某一个公司无法按时完成生产，可以向其余的公司购买成品和原材料，价格自行协商决定。但买方在记入"销售收入"成本时，要按照购买价格来计算，而不能按产品的生产成本来计算，这一点请特别注意，在做账时，特别容易出错。卖方则记入"营业外净收益"，记入销货的净利润（销售价格减去生产成本）。

九、市场排行与订单争取规则

➢ 第一年按照竞标金额排列，金额相同按订单提交先后顺序排列。

➢ 自第二年起，上一年度销售量最大者先选该市场该产品的订单。

➢ 当两个小组的本年度市场投入相同时，根据上一年销售量决定先后顺序。

➢ 当两个小组的本年度市场投入相同，上一年销售量也相同时，进行竞价。

➢ 上一年在某个市场有投入，本年未投入，表示以后将永远放弃该市场。

➢ 投入 1M，有获取 1 个订单的可能；投入 3M，有获取 2 个订单的可能，以此类推。

➢ 每个小组的订单选择有时间限制，超时则取消订单选择资格。

广告投入单见表 2-5。

表 2-5   广告投入单

年度	市场类别	Beryl	Crystal	Ruby	Sapphire	合计
	本地					
	区域					
第一年	国内					
	亚洲					
	国际					

十、财务报表规则

1. 综合费用表（单位：百万元）

➢ 管理费：一个季度 1 百万元，到年末清算共 4 百万元。

➢ 广告费：年初投入，年末清算，按实际情况填写。

➤ 设备维护费:根据规则,计算每条生产线的维护费,按实际情况填写。

➤ 设备改造费用:生产线转产,有转产周期,按季一次性投入,按实际情况填写。

➤ 租金:根据大、中、小厂房租金进行清算,年末清算,按实际情况填写。

➤ 市场开拓:1百万元/格,各个市场需要开拓的年数不同,年末投入,按实际情况填写。

➤ 产品研发:1百万元/格,各个产品需要开拓的季度不同,按季度投入,按实际情况填写。

➤ ISO认证:ISO 9000、ISO 14000,年末投入,按实际情况填写。

➤ 其他:如延期交货罚款,根据规则支付,按实际情况填写。

2. 利润表(单位:百万元)

利润表见图2-6,分析如下。

➤ 销售收入:本年度订单上所显示的销售额合计。

➤ 成本:产品直接成本,材料费+加工费。

➤ 毛利:销售收入-成本。

➤ 综合费用:综合管理费用明细表中的合计。

➤ 折旧:每年按各条生产线购价的1/5计算折旧费,从设备价值中提取(特别注意:新生产线当年不折旧,设备价值为0后,可不再折旧,但仍能继续生产使用)。

➤ 财务净损益=利息+贴现(特别注意:按盘面的贴现规则,根据应收账款所在季度按比例贴现,最好是按整数进行贴现)。

➤ 营业利润:毛利-综合费用-折旧费-财务净损益。

➤ 营业外净收益:如小组经营奖励费用,按实际情况填报。

➤ 利润总额:营业利润+营业外净收益。

➤ 所得税:利润总额×33.33%,四舍五入取整数。

➤ 净利润:利润总额-所得税。

3. 资产负债表(单位:百万元)

资产负债表见图2-7,分析如下。

➤ 现金:年末现金池中的现金数。

➤ 应收款:年末应收款总额。

➤ 在制品:生产线上的原材料费用与加工费用的合计。

➤ 产成品:成品库中的原材料费用与加工费用的合计。

➤ 原材料:盘面上剩余原材料价值合计。

➤ 流动资产合计:现金+应收款+在制品+产成品+原材料。

项目	去年
一、销售收入	
减：成本	
二、毛利	
减：综合费用	—
折旧费	
财务净损益	—
三、营业利润	
加：营业外净收益	—
四、利润总额	
减：所得税	—
五、净利润	

包括市场开发费、广告费、行政管理费、产品研发费、生产线转产、设备维护费、厂房租金、ISO认证费等

利息、贴现等费用

变卖设备、原材料等的收入；延期交货等的罚金

盈利时，按当年利润的33%计算后取整数，下一年初交纳；
当企业弥补前五年亏损而盈利之后，所得税的计算方法：
(税前利润＋前五年净利润之和)×33%

图 2-6　利润表分析

资产	年初数	负债及所有者权益	年初数
流动资产：		负债	
现金	—	短期负债	—
应收账款	—	应付账款	
原材料	—	应交税金	—
产成品	—	长期负债	
在制品	—		
流动资产合计	—	负债合计	
固定资产：		所有者权益	
土地建筑净值	—	股东资本	—
机器设备净值	—	以前年度利润	—
在建工程	—	当年净利润	—
固定资产合计	—	所有者权益合计	—
资产总计	—	负债及权益总计	—

紧急贷款属于短期负债

来源于损益表

与上一一年度相同

历年利润的累积

来源于损益表

总资产＝负债＋权益

图 2-7　资产负债表分析

➢ 土地和建筑：厂房金额(只算购买、未变卖、初期拥有的房产价值)。

➢ 机器与设备：年末折旧以后，每条生产线的设备价值合计。

➢ 在建工程：年末在建生产线所投入的资金合计。

➢ 固定资产合计：土地和建筑＋机器与设备＋在建工程。

➢ 资产总计：流动资产合计＋固定资产合计。

➤ 长期负债:年末长贷金额(年末到期还本付息的长贷金额不算在内)。

➤ 应付账款:盘面应付账款中的金额合计(一般是由批量采购原材料所产生的应付账款或者小组间交易私下约定的应付账款)。

➤ 短期负债:年末短贷金额(年末到期还本付息的短贷金额不算在内)。

➤ 应交税金:当年利润表中应交的税金金额。

➤ 负债合计:长期贷款+短期贷款+应付账款+应交税金。

➤ 股东资本:基本不变,每年都是7千万元,除非有股东追加投入。

➤ 以前年度利润:上一年的"以前年度利润"+上一年的"当年净利润"合计。

➤ 当年净利润:当年利润表中的净利润金额。

➤ 所有者权益合计:股东资本+以前的年度利润+当年净利润。

➤ 负债及权益合计:负债合计+所有者权益合计的总和。

十一、其他经营规则

➤ 财务报表必须真实,如果查出假账,将处以相差金额5倍的罚款。

➤ 必须按照规则运作,每发现一次违规,处以1百万元的罚款。

➤ 银行贷款必须和银行协商,不能私自贷款,或者延长贷款期限。每发现一次违规,将处以5百万元的罚款。

➤ 盘面信息真实,每发现一次作假,将处以1百万元的罚款。

➤ 必须按照操作顺序进行,不能私自修改顺序。每发现一次违规,将处以1百万元的罚款。

➤ 原材料采购、成品摆放必须按照位置,不能混用。每发现一次违规,将处以1百万元的罚款。

➤ 每年度末提交报表,如果未按时提交,超时罚款:1百万元/10分钟。

第三章　模 拟 经 营

【学习重点】

➤ 起始年体验经营流程和基本规则。

➤ 摆盘、操盘。

➤ 相关报表的填写。

【学习难点】

➤ 每年的战略制订。

➤ 年末财务报表填写。

➤ 经营过程中对规则的掌握。

企业经营实训
——实战演练

一、教学年体验

本沙盘的模拟主要从资金流转的角度将企业的各个环节串联起来,主要关注资金流和物流在企业中的流转。一个企业的经营管理包括企业的战略制订与执行、财务管理、市场销售、产品生产和组织采购等多项工作,这些工作由企业中的各个部门协同合作共同完成。

企业的经济周期如图 3-1 所示。

(1)初始阶段:股东现金、银行贷款。

(2)业务进行:支付设备、原材料、员工薪水。

(3)业务结算:应付账款、应收账款、毛利、利息、折旧、利润、贴现、租金、行政管理费用等。

(4)年度报告:资产负债表、损益表。

整个企业模拟实战共分为八个经营年度,其中第一个年度为"起始年",由指导教师带领各个团队进行,主要是帮助大家进一步熟悉企业经营各环节要求完成的各项工作和必须遵守的各项规则。在这一年中,指导教师带领所有企业一起完成相同的操作,并代理市场和银行的各项职权。此后的七年经营全部由各小组自行完成,各团队需拟订各自的企业战略规划,制订相应的销售、生产、

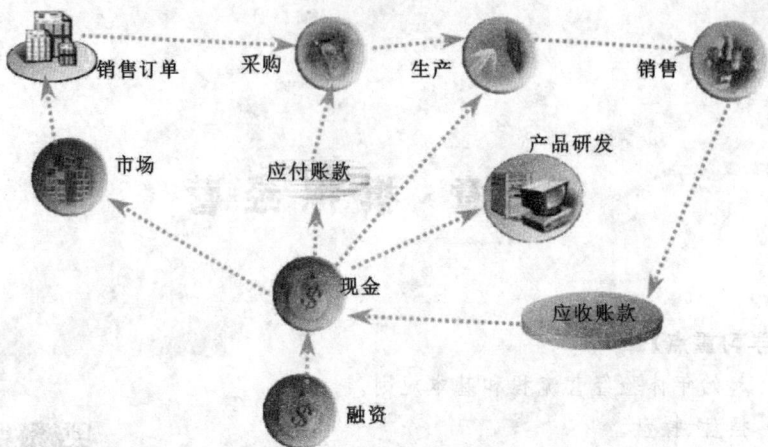

图 3-1　企业资金流转图

采购、财务及其他企业发展计划,并自行组织实施,同时要协调自身与市场、各竞争对手之间的各种关系。

在这七年的自营过程中,指导教师不直接参与任何一家企业的经营决策,只充当原材料市场中的供应商、产品市场中的客户、资本市场中的银行、流程控制中的监督者和财务报表的审计者,以及发生纠纷时的仲裁者等角色。

每一个经营年度结束,企业的管理者都应该对自己所经营的企业进行一个全面的分析和评价,总结成败得失,找出不足之处,并规划出下一年的经营战略。

全部八个年度的经营完成后,指导教师还将对各个企业的经营成果进行指标考核,根据综合指标进行评分排序,同时要求各小组作课程总结,并完成相应的财务报表的填写工作。

二、沙盘器具初识

在沙盘模拟中使用的器具是模拟币。

(1)灰色——代表现金。一个模拟币代表 1M(1 百万元)现金。

(2)红色——代表负债,包括应付账款、短期贷款、长期贷款等,分别有 1M(1 百万元)和 10M(1 千万元)两种。

操作币+
生产线图例

(3)黄色——代表各种原材料订单,模拟币分为 M1、M2、M3、M4,分别代表了原材料 1、原材料 2、原材料 3、原材料 4 对应的订单。

(4)蓝色——代表原材料,共有四种:M1、M2、M3、M4。通常情况下,一个模拟币代表 1 百万元。

三、起始年经营

1.起始年资产综合情况

起始年企业资产信息如图 3-2 所示。

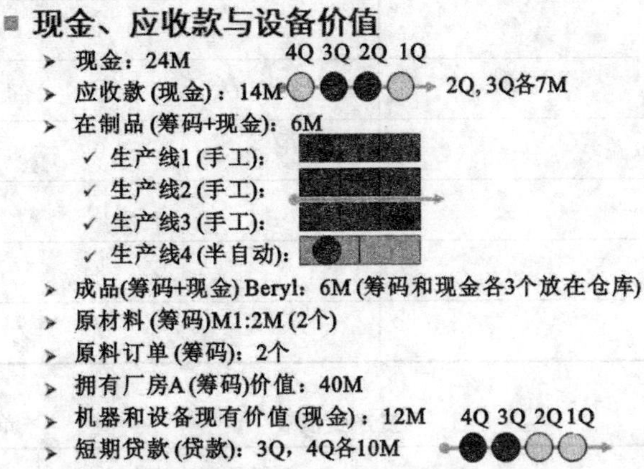

现金、应收款与设备价值

> 现金：24M   4Q 3Q 2Q 1Q
> 应收款(现金)：14M ●● ●● ○ → 2Q,3Q各7M
> 在制品(筹码+现金)：6M
>   ✓ 生产线1(手工)：
>   ✓ 生产线2(手工)：
>   ✓ 生产线3(手工)：
>   ✓ 生产线4(半自动)：
> 成品(筹码+现金)Beryl：6M(筹码和现金各3个放在仓库)
> 原材料(筹码)M1:2M(2个)
> 原料订单(筹码)：2个
> 拥有厂房A(筹码)价值：40M
> 机器和设备现有价值(现金)：12M   4Q 3Q 2Q 1Q
> 短期贷款(贷款)：3Q,4Q各10M ●●○○ →

图 3-2 起始年企业资产信息

2.起始年生产线折旧状况

起始年生产线折旧如表 3-1 所示。

表 3-1   起始年生产线折旧   单位:百万元

生产线	原值	已使用年数	已提折旧	净值			
生产线 1	5	3	3	2			
生产线 2	5	2	2	3			
生产线 3	5	2	2	3			
生产线 4	10	3	6	4			

3.起始年年初财务报表情况

起始年年初财务报表如表 3-2、表 3-3 所示。

表 3-2   起始年损益表   单位:百万元

项目	去年
一、销售收入	40
减:成本	17
二、毛利	23

续表

项目	去年
减:综合费用	8
折旧	4
财务净损益	1
三、营业利润	10
加:营业外净收益	0
四、利润总额	10
减:所得税	3
五、净利润	7

表 3-3   资产负债表   单位:百万元

资产	年初数	负债及所有者权益	年初数
流动资产:		负债:	
现金	24	短期负债	20
应收账款	14	应付账款	0
原材料	2	应交税金	3
产成品	6	长期负债	
在制品	6		
流动资产合计	52	负债合计	23
固定资产		所有者权益:	
土地建筑净值	40	股东资本	70
机器设备净值	12	以前年度利润	4
在建工程	0	当年净利润	7
固定资产合计	52	所有者权益合计	81
资产总计	104	负债及权益总计	104

4.起始年年初工作

在每个年度经营开始之前,管理决策者们都要召开企业经营决策会议,制定和调整企业发展战略,拟订各部门的工作计划,并据此进行资金预算和产能测算。

在起始年度,由指导教师带领进行所有操作,帮助各小组的成员熟悉整个业务的流程和所需完成的工作记录。各企业经营者的主要任务是平稳地接管企业,因而,企业暂不做任何发展投资(包括厂房、设备、市场和产品等方面),也不追加投资或进行融资,生产计划的目标只是保证所有生产线能正常运转,暂不考虑销售的情况(起始年销售订单每个小组都是固定的),原材料的采购也由指导教师统一安排。起始年年初的三项工作如下。

(1)支付应付税。

财务总监按照上年度利润表"所得税"项中的数值,取出 3M 的现金(灰币)放在沙盘综合费用栏中的"税金"处,并在"现金流量表"中做好记录。

(2)支付广告费。

起始年,各小组均无广告费的投入。

(3)登记销售订单。

销售总监根据起始年的 2 张订单(图 3-3),在销售记录单上进行登记。订单中的市场、产品名称、货款账期、交货期、订单单价、订单编号、订单数量、订单销售额都要逐一记录。

市场:	本地	本地
产品:	Beryl	Beryl
账期:	1Q	1Q
交货期:	2Q	3Q
单价:	6	6
订单数量:	4	2
订单销售额:	24	12
订单成本:	8	4
毛利:	16	8

Beryl(Y0, 本地)
4×6M=24M
账期:1Q 交货:2Q

Beryl(Y0, 本地)
2×6M=12M
账期:1Q 交货:3Q

图 3-3　起始年销售订单

5.起始年每季度工作

(1)起始年第一季度经营步骤。

①更新短期贷款、短期贷款还本付息及申请短期贷款。

财务总监将"短期贷款"栏中的 2 个红色 10M 币(分别在 4Q 和 3Q 的位置上),向"现金"方向各移动一格,并放置在 3Q 和 2Q 对应的位置上。

②更新应付款及归还应付款。

起始年无此操作。

③更新原材料订单及原材料入库。

采购总监将代表原材料订单的2个M1的黄色模拟币在"原材料订单"区中向"原材料库"方向移动一格,到达"原材料库"后,向财务总监申请2M的原材料款(2个灰色币),财务总监在"现金流量表"中做相应的记录。采购总监将代表订单的黄色模拟币和代表原材料货款的灰色现金币一起交给指导老师,换取2个代表M1的蓝色币,并放到"M1原材料库"中。财务总监在"现金流量表"(表3-4)中做与"原材料采购支付现金"栏相关的登记。

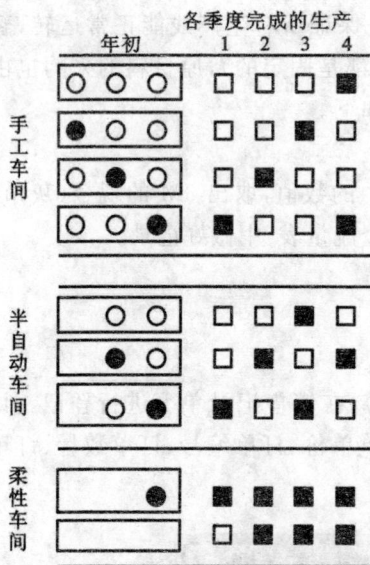

图3-4 各条生产线生产能力参考图

④下原料订单。

采购总监向指导教师申领2个M1的黄色原材料订单币,并放在"原材料订单"中与"M1原材料订单"对应的位置1Q上。

⑤更新生产及完工入库。

生产总监将第一条生产线(手工)上的在制品向下推移到第二个生产周期位置上,将第三条生产线(手工)上的在制品移入"成品库"的"Beryl成品库"中(表示这个产品已完工入库),将第四条生产线(半自动)上的在制品向下推移到第二个生产周期位置上(图3-4)。此时"成品库"的"Beryl成品库"中共有4个Beryl成品。

⑥投资新生产线/生产线转产/变卖生产线。

起始年无此操作。

⑦开始下一批生产。

现在有两条空闲的生产线,因此,生产总监按照Beryl产品的BOM结构,从原材料库中分别取出2个M1蓝色币,再向财务总监申请2个灰色1M的现金币,分别放在第二条生产线(手工)和第三条生产线(手工)的生产周期第一格上(一个灰色币加上一个蓝色币代表一个Beryl在制品)。财务总监在"现金流量表"(表3-4)中做与"加工费用"相关的登记。

⑧产品研发投资。

起始年无此操作。

⑨更新应收款及应收款收现。

财务总监将代表"应收款"的2组7M的灰色币(分别在2Q和3Q的位置上),分别向"现金"方向各移动一格,放置在1Q和2Q的对应位置上。

⑩按订单交货。

本季度无需要交货的订单,此步骤不做。

⑪支付行政管理费用。

财务总监从"现金"中拿出 1M 灰色币,放到综合费用栏中,行政管理费用项 1Q 的位置上,并在"现金流量表"(表 3-4)中填写对应的财务数据。

起始年第一季度的常规操作结束,请财务总监计算"现金流量表"(表 3-4)中的现金余额,并对现金进行盘点核对。

表 3-4 　　　　　　**起始年第一季度现金流量表**　　　　单位:百万元

项目	第一季度	第二季度	第三季度	第四季度	年末
当期初始数(＋)	24				
应收款到期(＋)					
变卖生产线(＋)					
变卖原材料/产成品(＋)					
变卖/抵押厂房(＋)					
卖订单收入(＋)					
短期贷款(＋)					
紧急贷款(＋)					
长期贷款(＋)					
收入总计	0				
支付上年应交税(一)	3				
年初广告费(一)					
贴现费用(一)					
归还短期贷款(一)					
短期贷款利息(一)					
归还紧急贷款及利息(一)					
支付应付账款(一)					
原材料采购支付现金(一)	2				
成品采购支付现金(一)					

续表

项目	第一季度	第二季度	第三季度	第四季度	年末
设备改造费(一)					
生产线投资(一)					
加工费用(一)	2				
产品研发(一)					
行政管理费(一)	1				
归还长期贷款(一)					
长期贷款利息(一)					
设备维护费(一)					
租金(一)					
购买新建筑(一)					
市场开拓投资(一)					
ISO认证投资(一)					
其他(一)					
支出总计(一)	8				
现金余额	16				

(2)起始年第二季度经营步骤。

①更新短期贷款、短期贷款还本付息及申请短期贷款。

财务总监将"短期贷款"栏中的2个红色10M币(分别在3Q和2Q的位置上),向"现金"方向各移动一格,并放置在2Q和1Q对应的位置上。

②更新应付款及归还应付款。

起始年无此操作。

③更新原材料订单及原材料入库。

采购总监将代表原材料订单的2个M1的黄色模拟币在"原材料订单"区中向"原材料库"方向移动一格,到达"原材料库"后,向财务总监申请2M的原材料款(2个灰色币),财务总监在"现金流量表"中做相应的记录。采购总监将代表订单的黄色币和代表原材料货款的灰色现金币一起交给指导老师,换取2个代表M1的蓝色币,并放到"M1原材料库"中。财务总监在"现金流量表"

（表 3-5）中做与"原材料采购支付现金"栏的相关登记。

④下原材料订单。

采购总监向指导教师申领 2 个 M1 的黄色原材料订单币，并放在"原材料订单"中与"M1 原材料订单"对应的位置 1Q 上。

⑤更新生产及完工入库。

生产总监将第一条生产线（手工）上的在制品向下推移到第三个生产周期位置上，将第二条生产线（手工）上的在制品向下推移到第二个生产周期位置上，将第三条生产线（手工）上的在制品向下推移到第二个生产周期位置上，将第四条生产线（半自动）上的在制品向下推移到"Beryl 成品库"中，完成生产。此时"Beryl 成品库"中共有 5 个 Beryl 成品。

⑥投资新生产线、生产线转产及变卖生产线。

起始年无此操作。

⑦开始下一批生产。

现在有一条空闲的生产线，因此，生产总监按照 Beryl 产品的 BOM 结构，从原材料库中分别取出 1 个 M1 蓝色币，再向财务总监申请 1 个灰色 1M 的现金币，分别放在第四条生产线（半自动）的生产周期第一格上（一个灰色币加上一个蓝色币代表一个 Beryl 在制品）。财务总监在"现金流量表"（表 3-5）中做与"加工费用"相关的登记。

⑧产品研发投资。

起始年无此操作。

⑨更新应收款及应收款收现。

财务总监将代表"应收款"的 2 组 7M 的灰色币（分别在 2Q 和 1Q 的位置上），分别向"现金"方向各移动一格，其中一组移到 1Q 的对应位置上，另一组被移到现金池中，现金流增加了 7M，并请财务总监在"现金流量表"（表 3-5）中"应收款到期"处，填写相应的数据。

⑩按订单交货。

根据起始年的订单信息，在第二季度有订单交货需求。由销售总监从"Beryl 成品库"中，取四个产品交到指导教师那里，并从指导教师那里领取订单上的销售额 2400 万元（24 个灰色币），放到"应收账款"1Q 的位置上去。此时现金并没有发生变化，所以财务总监不需要做账。

⑪支付行政管理费用。

财务总监从"现金"中拿出 1M 灰色币，放到综合费用栏中，行政管理费用项 2Q 的位置上，并在"现金流量表"（表 3-5）中填写对应的财务数据。

起始年第二季度的常规操作结束，请财务总监计算"现金流量表"（表 3-5）

中的现金余额,并对现金进行盘点核对。

表 3-5　　　　　　　　起始年第二季度现金流量表　　　　　单位:百万元

项目	第一季度	第二季度	第三季度	第四季度	年末
当期初始数(＋)	24	16			
应收款到期(＋)		7			
变卖生产线(＋)					
变卖原材料/产成品(＋)					
变卖/抵押厂房(＋)					
卖订单收入(＋)					
短期贷款(＋)					
紧急贷款(＋)					
长期贷款(＋)					
收入总计		7			
支付上年应交税(－)	3				
年初广告费(－)					
贴现费用(－)					
归还短期贷款(－)					
短期贷款利息(－)					
归还紧急贷款及利息(－)					
支付应付账款(－)					
原材料采购支付现金(－)	2	2			
成品采购支付现金(－)					
设备改造费(－)					
生产线投资(－)					
加工费用(－)	2	1			
产品研发(－)					
行政管理费(－)	1	1			

续表

项目	第一季度	第二季度	第三季度	第四季度	年末
归还长期贷款（一）					
长期贷款利息（一）					
设备维护费（一）					
租金（一）					
购买新建筑（一）					
市场开拓投资（一）					
ISO 认证投资（一）					
其他（一）					
支出总计（一）	8	4			
现金余额	16	19			

（3）起始年第三季度经营步骤。

①更新短期贷款、短期贷款还本付息及申请短期贷款。

财务总监将"短期贷款"栏中的 2 个红色 10M 币（分别在 2Q 和 1Q 的位置上），向"现金"方向各移动一格，并分别放置在 1Q 对应的位置上，其中一个短期贷款的红色 10M 币，移入现金池中。请财务总监将红色 10M 的模拟贷币和现金池中的 10 个 1M 的灰色币提出，一起上交银行，再从现金池中拿出 2 个 1M 的灰色币（10M×15％，四舍五入为 2M），放到综合费用栏的"利息"项中，并在"现金流量表"（表 3-6）中"归还短期贷款"及"短期贷款利息"填写对应的数据。

②更新应付款及归还应付款。

起始年无此操作。

③更新原材料订单及原材料入库。

采购总监将代表原材料订单的 2 个 M1 的黄色模拟币在"原材料订单"区中向"原材料库"方向移动一格，到达"原材料库"后，向财务总监申请 2M 的原材料款（2 个灰色币），财务总监在"现金流量表"（表 3-6）中做相应的记录。采购总监将代表订单的黄色模拟币和代表原材料货款的灰色现金币一起交给指导老师，换取 2 个代表 M1 的蓝色币，并放到"M1 原材料库"中。财务总监在"现金流量表"中做与"原材料采购支付现金"相关的登记。

④下原材料订单。

采购总监向指导教师申领 2 个 M1 的黄色原材料订单币,并放在"原材料订单"中与"M1 原材料订单"对应的位置 1Q 上。

⑤更新生产及完工入库。

生产总监将第一条生产线(手工)上的在制品向下推移到"Beryl 成品库"中,将第二条生产线(手工)上的在制品向下推移到第三个生产周期位置上,将第三条生产线(手工)上的在制品向下推移到第三个生产周期位置上,将第四条生产线(半自动)上的在制品向下推移到第二个生产周期位置上。此时"成品库"的"Beryl 成品库"中共有 2 个 Beryl 成品。

⑥投资新生产线、生产线转产及变卖生产线。

起始年无此操作。

⑦开始下一批生产。

现在有一条空闲的生产线,因此,生产总监按照 Beryl 产品的 BOM 结构,从原材料库中分别取出 1 个 M1 蓝色币,再向财务总监申请 1 个灰色 1M 的现金币,分别放在第一条生产线(手工)的生产周期第一格上(一个灰色币加上一个蓝色币代表一个 Beryl 在制品)。财务总监在"现金流量表"(表 3-6)中做与"加工费用"相关的登记。

⑧产品研发投资。

起始年无此操作。

⑨更新应收款及应收款收现。

财务总监将代表"应收款"的 1 组 7M 的灰色币和 1 组 24M 的灰色币(都在 1Q 的位置上),向"现金"方向移动一格,都移到了现金池中,现金流又增加了 31M,并请财务总监在"现金流量表"(表 3-6)中"应收款到期"处,填写相应的数据。

⑩按订单交货。

根据起始年的订单信息,在第三季度有订单交货需求。由销售总监从"Beryl 成品库"中,取两个产成品交到指导教师那里,并从指导教师那里领取订单上的销售额 12M(12 个灰色币),放到"应收账款"1Q 的位置上去。此时现金并没有发生变化,所以财务总监不需要做账。

⑪支付行政管理费用。

财务总监从"现金"中拿出 1M 灰色币,放到综合费用栏中,行政管理费用项 3Q 的位置上,并在"现金流量表"(表 3-6)中填写对应的财务数据。

起始年第三季度的常规操作结束,请财务总监计算"现金流量表"(表 3-6)中的现金余额,并对现金进行盘点核对。

表 3-6   **起始年第三季度现金流量表**   单位:百万元

项目	第一季度	第二季度	第三季度	第四季度	年末
当期初始数(+)	24	16	19		
应收款到期(+)		7	31		
变卖生产线(+)					
变卖原材料/产成品(+)					
变卖/抵押厂房(+)					
卖订单收入(+)					
短期贷款(+)					
紧急贷款(+)					
长期贷款(+)					
收入总计		7	31		
支付上年应交税(-)	3				
年初广告费(-)					
贴现费用(-)					
归还短期贷款(-)			10		
短期贷款利息(-)			2		
归还紧急贷款及利息(-)					
支付应付账款(-)					
原材料采购支付现金(-)	2	2	2		
成品采购支付现金(-)					
设备改造费(-)					
生产线投资(-)					
加工费用(-)	2	1	1		
产品研发(-)					
行政管理费(-)	1	1	1		

续表

项目	第一季度	第二季度	第三季度	第四季度	年末
归还长期贷款(一)					
长期贷款利息(一)					
设备维护费(一)					
租金(一)					
购买新建筑(一)					
市场开拓投资(一)					
ISO认证投资(一)					
其他(一)					
支出总计(一)	8	4	16		
现金余额	16	19	34		

(4)起始年第四季度经营步骤。

①更新短期贷款、短期贷款还本付息及申请短期贷款。

财务总监将"短期贷款"栏中的1个红色10M币(在1Q的位置上),向"现金"方向各移动一格,移入现金池中。请财务总监将红色10M的短贷币和现金池中的10个1M的灰色币提出,一起上交银行,再从现金池中拿出2个1M的灰币(10M×20%=2M),放到综合费用栏的"利息"项中,并在"现金流量表"(表3-7)中"归还短期贷款"及"短期贷款利息"填写对应的数据。

②更新应付款及归还应付款。

起始年无此操作。

③更新原材料订单及原材料入库。

采购总监将代表原材料订单的2个M1的黄色模拟币在"原材料订单"区中向"原材料库"方向移动一格,到达"原材料库"后,向财务总监申请2M的原材料款(2个灰色币),财务总监在"现金流量表"(表3-7)中做相应的记录。采购总监将代表订单的黄色模拟币和代表原材料货款的灰色现金币一起交给指导老师,换取2个代表原材料M1的蓝色币,并放到"M1原材料库"中。财务总监在"现金流量表"(表3-7)中做与"原材料采购支付现金"相关的登记。

④下原材料订单。

采购总监向指导教师申领2个M1的黄色原材料订单币,并放在"原材料订单"中与"M1原材料订单"对应的位置1Q上。

⑤更新生产及完工入库。

生产总监将第一条生产线(手工)上的在制品向下推移到生产周期第二个格子上,将第二条生产线(手工)上的在制品向下推移到"成品库"的"Beryl 成品库"中,将第三条生产线(手工)上的在制品向下推移到"成品库"的"Beryl 成品库"中,将第四条生产线(半自动)上的在制品向下推移到"成品库"的"Beryl 成品库"中。此时"成品库"的"Beryl 成品库"中共有 3 个 Beryl 成品。

⑥投资新生产线、生产线转产、变卖生产线。

起始年无此操作。

⑦开始下一批生产。

现在有三条空闲的生产线,因此,生产总监按照 Beryl 产品的 BOM 结构,从原材料库中分别取出 3 个 M1 蓝色币,再向财务总监申请 3 个灰色 1M 的现金币,分别放在第二条生产线(手工)、第三条生产线(手工)、第四条生产线(半自动)的生产周期第一格上(一个灰色币加上一个蓝色币代表一个 Beryl 在制品)。财务总监在"现金流量表"(表 3-7)中做与"加工费用"相关的登记。

⑧产品研发投资。

起始年无此操作。

⑨更新应收款及应收款收现。

财务总监将代表"应收款"的 1 组 16M 的灰色币(在 1Q 的位置上),向"现金"方向移动一格,移到了现金池中,现金流又增加了 16M,并请财务总监在"现金流量表"(表 3-7)中"应收款到期"填写相应的数据。

⑩按订单交货。

本季度无需要交货的订单。

⑪支付行政管理费用。

财务总监从"现金"中拿出 1M 灰色币,放到综合费用栏中,行政管理费用项 4Q 的位置上,并在"现金流量表"(表 3-7)中填写对应的财务数据。

起始年第四季度的常规操作结束,请财务总监计算"现金流量表"(表 3-7)中的现金余额,并对现金进行盘点核对。

表 3-7 　　　　　　　　**起始年第四季度现金流量表**　　　　单位:百万元

项目	第一季度	第二季度	第三季度	第四季度	年末
当期初始数(+)	24	16	19	34	
应收款到期(+)		7	31	12	
变卖生产线(+)					
变卖原材料/产成品(+)					
变卖/抵押厂房(+)					

续表

项目	第一季度	第二季度	第三季度	第四季度	年末
卖订单收入（＋）					
短期贷款（＋）					
紧急贷款（＋）					
长期贷款（＋）					
收入总计		7	31	12	
支付上年应交税（－）	3				
年初广告费（－）					
贴现费用（－）					
归还短期贷款（－）			10	10	
短期贷款利息（－）			2	2	
归还紧急贷款及利息（－）					
支付应付账款（－）					
原材料采购支付现金（－）	2	2	2	2	
成品采购支付现金（－）					
设备改造费（－）					
生产线投资（－）					
加工费用（－）	2	1	1	3	
产品研发（－）					
行政管理费（－）	1	1	1	1	
归还长期贷款（－）					
长期贷款利息（－）					
设备维护费（－）					
租金（－）					
购买新建筑（－）					
市场开拓投资（－）					
ISO认证投资（－）					
其他（－）					
支出总计（－）	8	4	16	18	
现金余额	16	19	34	28	

6.起始年年末工作

(1)支付长期贷款及利息、更新长期贷款、申请长期贷款。

本年度无此业务。

(2)支付设备维护费。

目前有四条生产线在进行生产,财务总监将4M的灰色模拟币从现金池里提出,放到综合费用栏的"维护费"项中,并在"现金流量表"(表3-8)中做相应记录。

(3)支付租金。

本年度未租用过厂房,故无须支付。

(4)折旧。

企业目前有三条手工线和一条半自动线,生产总监每天从生产线下方栏目"设备价值"中各自提取出折旧费(灰色模拟币),分别为1M、1M、1M、2M(每年度每条生产线按购价的五分之一进行折旧提计,但需注意,新生产线第一年不计提折旧费),各条生产线设备价值分别还剩余:第一条手工线1M,第二条手工线2M,第三条手工线2M,第四条半自动线2M。

(5)新市场开拓投资/ISO资格认证投资。

本年度不做此操作。

7.起始年年末关账

起始年年末财务报表如表3-8～表3-11所示。

财务报表各项数据运算依据

企业经营实训四大报表

表3-8　　　　　　　　　　　**起始年年末现金流量表**　　　　　单位:百万元

项目	第一季度	第二季度	第三季度	第四季度	年末
当期初始数(+)	24	16	19	46	28
应收款到期(+)		7	31	12	
变卖生产线(+)					
变卖原材料/产成品(+)					
变卖/抵押厂房(+)					
卖订单收入(+)					
短期贷款(+)					
紧急贷款(+)					
长期贷款(+)					
收入总计		7	31	12	
支付上年应交税(一)	3				

续表

项目	第一季度	第二季度	第三季度	第四季度	年末
年初广告费(一)					
贴现费用(一)					
归还短期贷款(一)			10	10	
短期贷款利息(一)			2	2	
归还紧急贷款及利息(一)					
支付应付账款(一)					
原材料采购支付现金(一)	2	2	2	2	
成品采购支付现金(一)					
设备改造费(一)					
生产线投资(一)					
加工费用(一)	2	1	1	3	
产品研发(一)					
行政管理费(一)	1	1	1	1	
归还长期贷款(一)					
长期贷款利息(一)					
设备维护费(一)					4
租金(一)					
购买新建筑(一)					
市场开拓投资(一)					
ISO 认证投资(一)					
其他(一)					
支出总计(一)	8	4	16	18	4
现金余额	16	19	34	28	24

表 3-9　　　　　　　　　　**综合管理费用明细表**　　　　　　　单位:百万元

项目	金额
行政管理费	4
广告费	

续表

项目	金额
设备维护费	4
设备改造费	
租金	
产品研发	
市场开拓	
ISO 认证	
其他	
合计	8

表 3-10　　　　　　　　　　**损益表**　　　　　　　　单位:百万元

项目	起始年年初	起始年年末
一、销售收入	40	36
减:成本	17	12
二、毛利	23	24
减:综合费用	8	8
折旧	5	5
财务净损益		4
三、营业收入		7
加:营业外净收益		
四、利润总额	10	7
减:所得税	3	2
五、净利润	7	5

表 3-11   资产负债表   单位:百万元

资产	起始年年初	起始年末	负债及所有者权益	起始年年初	起始年末
流动资产:			负债:		
现金	24	24	短期负债	20	
应收账款	14		应付账款		
原材料	2	3	应交税金	3	2
产成品	6	6	长期负债		
在制品	6	8	负债合计	23	2
流动资产合计	52	41			
固定资产:			所有者权益:		
土地建筑净值	40	40	股东资本	70	70
机器设备净值	12	7	以前年度利润	4	11
在建工程			当年净利润	7	5
固定资产合计	52	47	所有者权益合计	81	86
资产总计	104	88	负债及权益总计	104	88

起始年的所有操作全部完成,各小组将盘面上方"综合费用"栏目中的所有筹码币上交。特别说明:当年的税金要等到下一年年初才从现金池中提取上交(放到综合费用栏的"税金"中)。

四、经营年体验

1.企业经营目标

讨论:作为新任管理层,你们将如何经营该公司?

【经营宝典】 "有所为,有所不为"

关键是分析清楚自己的长处和短处,制订计划,并严格按照计划执行,切忌出现"拣芝麻、丢西瓜"的情况。

2.第一年经营实战

(1)从第一年开始,指导教师将不再参与各小组的经营决策,各小组的经营团队根据上一年的总结和对第一年市

菜鸟新手对初赛的认识

场需求量和产品单价的预测分析,结合本企业的实际情况,制订出第一年的企业经营战略规划和目标,并将战略规划具体落实到每一个季度的工作任务中,将重要的决策,按照季度目标填入"第一年重要决策"表格中。

(2)财务总监、生产总监、采购总监和销售总监对第一年各自的经费进行预算,包括广告费、原材料采购费用、生产加工费、产品研发投资费用、设备改造费用、市场开拓费用、ISO认证申请费用、利息、行政管理费用等。财务总监汇总数据后填制"现金预算表",将需要支付的各种费用分摊到每个季度,并根据这些资金预算推算出第一年的贷款计划。这项工作应该在上一年年末进行,但起始年是由指导教师带领大家一起完成的,所以各小组年末均没有进行长期贷款的工作,那么第一年有资金贷款计划的,只能在第一个季度申请短期贷款。

(3)根据第二章中"市场排行与订单争取规则",各小组在规定的时间内填写完成"广告投入单"并及时上交指导教师,未在规定时间内按要求提交或错误提交的小组视为放弃本年度的订单竞争。在收齐各小组有效广告投入单后,召开当年的产品订货会,各企业的销售总监参与本企业的订单争夺,其他人员留在各自的座位上等候。

(4)产品订货会结束以后,销售总监回到各自小组,及时登记当年销售订单,并根据生产计划中不同的生产线计算产品成本及毛利。

(5)各小组CEO根据获得的当年订单情况,与本企业在当年所制订的企业经营战略相比较,看看是否有需要调整的工作,接下来在得到指导教师的指令后,按照每年的任务清单顺序依次进行各项任务,其他总监各司其职,确保企业的正常运作。CEO要确保财务总监完成了每一项与财务数据填写相关的工作以后才能开始下一步任务。

(6)结束当年的所有任务以后,由财务总监负责关账,其他同学可以协助,财务报表主要包括综合费用表、损益表和资产负债表,完成后要仔细检查,切不可做假账,如果被发现是做假账或拖延提交报表时间都将被罚款。待第一个完成的小组提交后,开始计时,每拖延10分钟,罚款100M。

(7)整个经营过程时间控制在90分钟以内。

【经营宝典】 经营环境与市场预测

新的管理层上任之后,对市场未来的发展趋势应当有所了解,因为这将影响企业未来的战略规划和运作管理。

以下是关于市场发展的一些预测。这些预测来自一家业内公认的市场调研咨询公司,它针对市场发展前景的预测有着较高的可信度,不过应当记住的是,这毕竟是预测,有可能不准确。

企业经营实训
——市场预测

1. 企业介绍

该企业是一个典型的本地企业,经营状况良好。它目前的主打产品 Beryl 含有较新的技术,在市场的发展还是不错的。不过,由于原来的管理层在企业发展上比较保守,特别是在市场开发以及新产品的研发方面,企业一直处于小规模经营的状况。在未来的几年内,市场的竞争将越来越激烈,如果继续目前的经营模式,很可能会被市场逐渐淘汰。因而,董事会决定引入新的管理层,对企业的经营模式进行变革,使企业发展成为更有潜力的实体。

2. 产品发展

Beryl 产品目前在市场上的销路还不错,但是可以预见,激烈的竞争即将开始,一方面是来自国内同行的纷纷仿效,另一方面,由于 WTO 开放之后,外国竞争者所构成的重大威胁。这些外国竞争者拥有更先进的研发技术和生产技术,如果企业不在产品上进行创新,将很容易落伍。

Crystal 产品是 Beryl 产品的技术改进版,它继承了 Beryl 产品的很多优良特性,在一段时间内可以为企业的发展带来可观利润。

Ruby 产品是一个完全重新设计的产品,采用了最新技术,在技术创新及有利于环保方面产生了很大的飞跃,但目前很难评估客户针对这种新技术的态度。

Sapphire 产品被视为一个未来技术的产品,大家对它都存在着期望,然而它的市场何时才能形成是一个完全未知的因素。

3. 市场分析

本地市场针对 Beryl 产品的需求开始减弱,而且利润空间也开始减小。不过在未来几年中,还是有不少 Beryl 的需求。而 Crystal 产品的需求也开始慢慢多起来。

在市场预测中可以看到,在未来几年的区域市场,Beryl 产品有一定销量,而 Crystal 产品销量较多。不过,相比本地市场和国内市场而言,区域市场的容量还是要低一些。

亚洲市场的开拓需要三年时间。因此针对其需求量的预测不能特别确定。该市场可能会有较高的容量,对于高技术含量的产品有较多的倾向性。

国际市场的开拓需要四年的时间。对于那些研发技术和设备相对落后的企业来说,该市场应该是一个比较理想的发展空间,对 Beryl 产品的需求较多,而且利润空间较大。

参与竞争的企业在未来的发展中,将主要参考以下的市场预测。

图 3-5 表示了几个产品未来的发展趋势。

4. 市场销量与单价预测

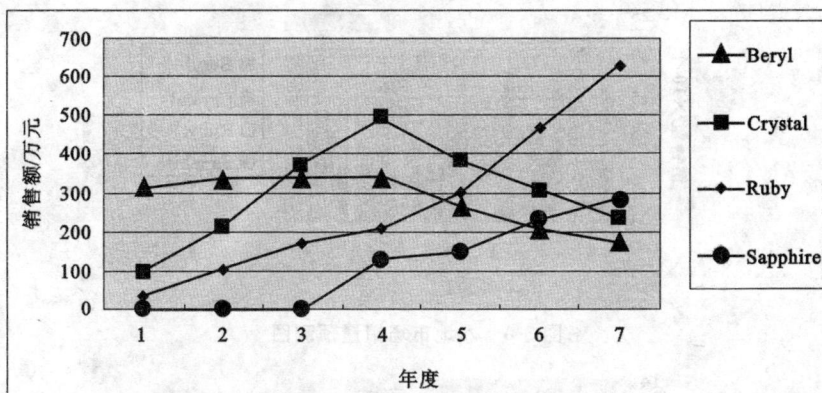

図 3-5　市场容量发展趋势图

　　总体来看,根据企业的实际情况可以比较准确地预计 1～3 年的销售情况,但由于市场存在很大的不确定性,4～7 年的销量预计只能作为一个参考,可能存在很大的变化性(表 3-12,图 3-6～图 3-15)。

表 3-12　　　　　　　　　　各市场的产品分析表

分类	销量预测	单价预测
本地	Beryl 是一个成熟的产品,在未来 3 年内本地市场的需求较大,但随着时间的推移,需求可能迅速减少。Crystal 在本地市场的需求呈上升趋势。Ruby 和 Sapphire 的需求量不明确。不管哪种产品,未来可能会要求企业具有 ISO 认证资格	Beryl 的单价逐年下滑,利润空间越来越小。Ruby 和 Sapphire 随着产品的完善,价格会逐步提高
区域	区域市场的需求量相对本地市场来讲,容量不大,而且对客户的资质要求相对较严格,供应商可能只有具备 ISO 资格认证——包括 ISO 9000 和 ISO 14000,才可以允许接单	由于对供应商的资格要求较严,竞争的激烈性相对较低,价格普遍比本地市场高
国内	Beryl、Crystal 的需求逐年上升,第 4 年达到顶峰,之后开始下滑。Ruby、Sapphire 的需求预计呈上升趋势。同时供应商也可能要求得到 ISO 9000 认证	与销售量相类似,Beryl、Crystal 的价格逐年上升,第 4 年达到顶峰,之后开始下滑。Ruby、Sapphire 的单价逐年稳步上升
亚洲	所有产品几乎都供不应求	Beryl 在亚洲市场的价格相对于本地市场来说没有竞争力
国际	Beryl 的需求量非常大,其他产品的需求不甚明朗	受各种因素影响,价格变动风险大

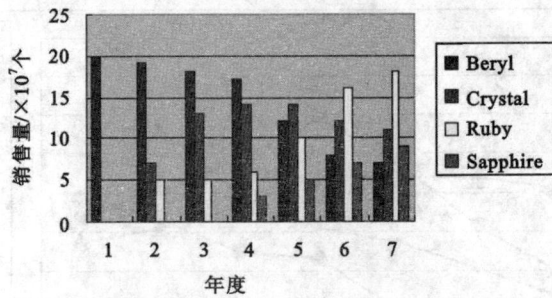

图 3-6　本地市场销量预测图

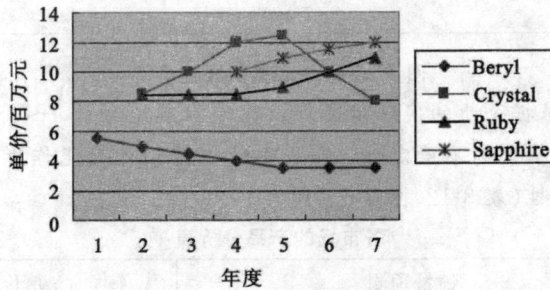

图 3-7　本地市场单价预测图

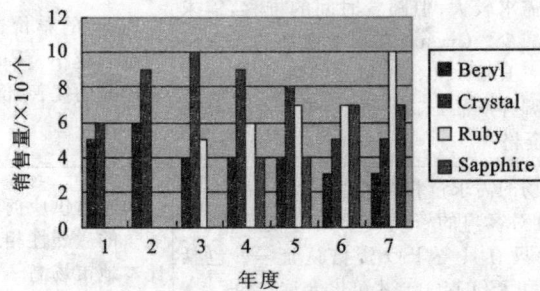

图 3-8　区域市场销量预测图

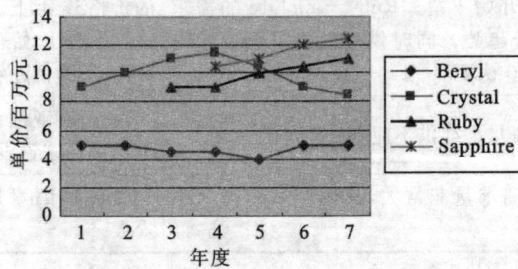

图 3-9　区域市场单价预测图

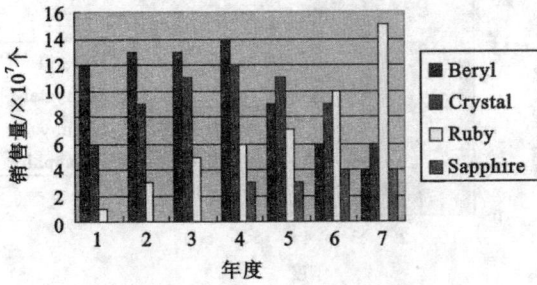

图 3-10 国内市场销量预测图

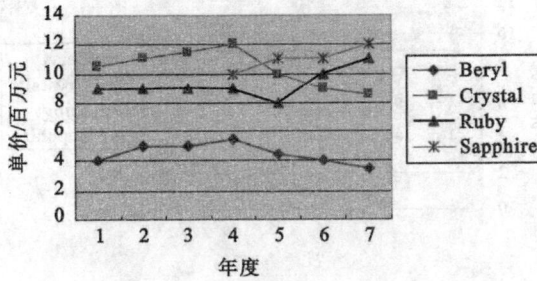

图 3-11 国内市场单价预测图

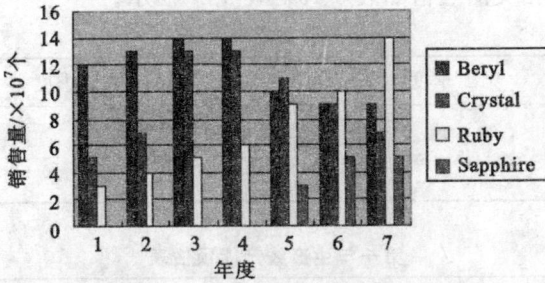

图 3-12 亚洲市场销量预测图

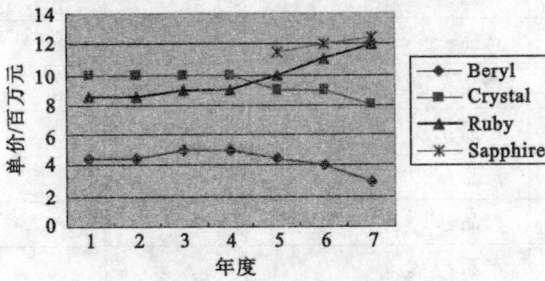

图 3-13 亚洲市场单价预测图

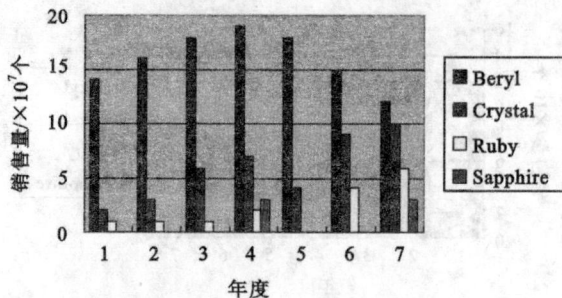

图 3-14 国际市场销量预测图

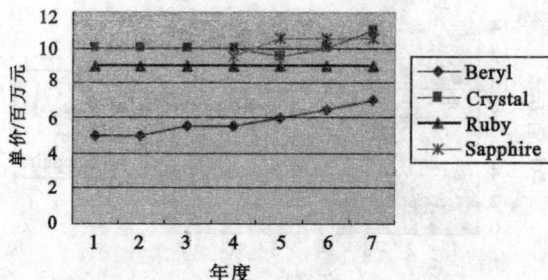

图 3-15 国际市场单价预测图

第一年经营相关的表格如表 3-13～表 3-25 所示。

表 3-13 第一年重要决策表

第一季度	第二季度	第三季度	第四季度	年末

表 3-14 第一年生产线产能预估表

			第一季度	第二季度	第三季度	第四季度
新华厂房	生产线 1	产品:				
	生产线 2	产品:				
	生产线 3	产品:				
	生产线 4	产品:				
中上厂房	生产线 5	产品:				
	生产线 6	产品:				
	生产线 7	产品:				
法华厂房	生产线 8	产品:				

表 3-15 　　　　　　　　　**第一年生产计划与物料需求计划表**

产品：　　　　　　　　　　　　生产线类型：

项目	去年				今年			
	第一季度	第二季度	第三季度	第四季度	第一季度	第二季度	第三季度	第四季度
产出计划								
投产计划								
原材料需求								
原材料采购								

表 3-16 　　　　　　　　　　**第一年采购计划汇总表**

原材料	第一季度	第二季度	第三季度	第四季度
M1				
M2				
M3				
M4				

表 3-17 　　　　　　　　　　**第一年广告投入单**

年度	市场类别	Beryl	Crystal	Ruby	Sapphire
第一年	本地				
	区域				
	国内				
	亚洲				
	国际				

表 3-18 　　　　　　　　　　**第一年现金预算表**

项目	第一季度	第二季度	第三季度	第四季度
年初现金（＋）				
申请短期贷款（＋）				
紧急贷款（＋）				
变卖生产线（＋）				

续表

项目	第一季度	第二季度	第三季度	第四季度
变卖原材料(＋)				
变卖厂房(＋)				
应收款到期(＋)				
支付上年应交税				
广告费				
贴现费用				
归还短贷及利息				
归还紧急贷款及利息				
原材料采购支付现金				
成品采购支付现金				
设备改造费				
生产线投资				
加工费用				
产品研发				
行政管理费				
长期贷款及利息				
设备维护费				
租金				
购买新建筑				
市场开拓投资				
ISO认证投资				
其他				
现金余额				
需要新贷款				

表3-19　　　　　　　　　第一年销售订单登记表

项目	1	2	3	4	5	6	合计
市场							
产品名称							
账期							
交货期							
单价							
订单数量							
订单销售额							
成本							
毛利							

表3-20　　　　　　　　　第一年任务清单

年初:(根据提示,完成部分打钩)

(1)支付应付税(根据上年度结果)	☐
(2)支付广告费	☐
(3)登记销售订单	☐

每个季度:	第一季度	第二季度	第三季度	第四季度
(1)申请短期贷款/更新短期贷款/还本付息	☐	☐	☐	☐
(2)更新应付款/归还应付款	☐	☐	☐	☐
(3)更新原材料订单/原材料入库	☐	☐	☐	☐
(4)下原材料订单	☐	☐	☐	☐
(5)更新生产/完工入库	☐	☐	☐	☐
(6)投资新生产线/生产线改造/变卖生产线	☐	☐	☐	☐
(7)开始下一批生产	☐	☐	☐	☐
(8)产品研发投资	☐	☐	☐	☐
(9)更新应收款/应收款收现	☐	☐	☐	☐
(10)按订单交货	☐	☐	☐	☐
(11)支付行政管理费用	☐	☐	☐	☐

续表

年末：	
(1)申请长期贷款/更新长期贷款/支付利息	□
(2)支付设备维护费	□
(3)支付租金(或购买建筑)	□
(4)折旧	□
(5)新市场开拓投资/ISO资格认证投资	□
(6)关账	□

表 3-21   **第一年现金流量表**

项目	第一季度	第二季度	第三季度	第四季度
应收款到期(+)				
变卖生产线(+)				
变卖原材料/产品(+)				
变卖厂房(+)				
短期贷款(+)				
紧急贷款(+)				
长期贷款(+)				
收入总计				
支付上年应交税				
广告费				
贴现费用				
归还短贷及利息				
归还紧急贷款及利息				
原材料采购支付现金				
成品采购支付现金				
设备改造费				
生产线投资				
加工费用				
产品研发				

续表

项目	第一季度	第二季度	第三季度	第四季度
行政管理费				
长期贷款及利息				
设备维护费				
租金				
购买新建筑				
市场开拓投资				
ISO认证投资				
其他				
支出总计				
现金余额				

表 3-22　　　　　　　　　第一年组间成品交易登记表

购入					售出				
产品	数量	单价	合计	成本	产品	数量	单价	合计	利润

表 3-23　　　　　　　　　第一年资产负债表　　　　　　　单位:百万元

资产	年初数	期末数	负债及所有者权益	年初数	期末数
流动资产:			负债:		
现金			短期负债		
应收账款			应付账款		
原材料			应交税金		
产成品			长期负债		
在制品					

续表

资产	年初数	期末数	负债及所有者权益	年初数	期末数
流动资产合计			负债合计		
固定资产:			所有者权益:		
土地建筑原价			股东资本		
机器设备净值			以前年度利润		
在建工程			当年净利润		
固定资产合计			所有者权益合计		
资产总计			负债及权益总计		

表 3-24　　　　　　　　　　第一年综合管理费用明细表　　　　　　　单位:百万元

项目	金额
行政管理费	
广告费	
设备维护费	
设备改造费	
租金	
产品研发	
市场开拓	
ISO 认证	
其他	
合　计	

表 3-25　　　　　　　　　　　　　第一年损益表　　　　　　　　　　单位:百万元

项目	去年	今年
一、销售收入		
减:成本		
二、毛利		
减:综合费用		

续表

项目	去年	今年
折旧		
财务净损益		
三、营业利润		
加:营业外净收益		
四、利润总额		
减:所得税		
五、净利润		

第一年回顾

体会与收获:

_____

_____

计划:

_____

_____

_____

【经营宝典】产品与市场战略的正确定位

产品市场矩阵如图 3-16 所示。

通过把重点放在现有客户和现有产品上，公司可以获得较高的市场份额。提高效益和减少成本显得十分重要。生产部门的职能对公司的成功至关重要

多样化战略也许要求最为苛刻。由于该战略的基础既不是现有的客户也不是现有的产品，公司基本上是在冒险闯入一个未知的领域。它必须要拥有优质的产品、透彻的市场研究以及甘愿承担风险的企业领导

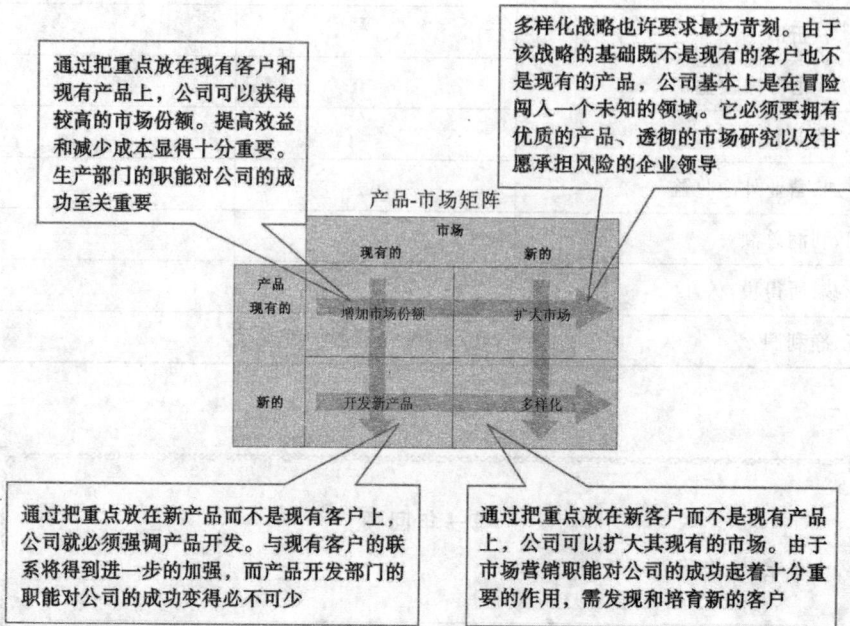

通过把重点放在新产品而不是现有客户上，公司就必须强调产品开发。与现有客户的联系将得到进一步的加强，而产品开发部门的职能对公司的成功变得必不可少

通过把重点放在新客户而不是现有产品上，公司可以扩大其现有的市场。由于市场营销职能对公司的成功起着十分重要的作用，需发现和培育新的客户

图 3-16　产品市场矩阵

【经营宝典】市场营销组合(4P)

市场营销组合(4P)如图 3-17 所示。

图 3-17　市场营销组合(4P)

谈谈目前公司产品的市场战略。

增加市场份额

_____

_____

产品开发

_____

_____

扩大现有市场

_____

_____

多样化

_____

_____

3.第二年经营实战

第二年经营实战相关的表格如表3-26～表3-38所示。

表 3-26　　　　　　　　　　第二年重要决策表

第一季度	第二季度	第三季度	第四季度	年末

表 3-27　　　　　　　　　　第二年生产线产能预估表

项目			第一季度	第二季度	第三季度	第四季度
新华厂房	生产线 1	产品：				
	生产线 2	产品：				
	生产线 3	产品：				
	生产线 4	产品：				

项目			第一季度	第二季度	第三季度	第四季度
中上厂房	生产线5	产品：				
	生产线6	产品：				
	生产线7	产品：				
法华厂房	生产线8	产品：				

表 3-28 **第二年生产计划与物料需求计划表**

产品： 　　　　　　　　　　生产线类型：

项目	去年				今年			
	第一季度	第二季度	第三季度	第四季度	第一季度	第二季度	第三季度	第四季度
产出计划								
投产计划								
原材料需求								
原材料采购								

表 3-29 **第二年采购计划汇总表**

原材料	第一季度	第二季度	第三季度	第四季度
M1				
M2				
M3				
M4				

表 3-30 **第二年广告投入单**

年度	市场类别	Beryl	Crystal	Ruby	Sapphire
第二年	本地				
	区域				
	国内				
	亚洲				
	国际				

表 3-31　　　　　　　　　　第二年现金预算表

项目	第一季度	第二季度	第三季度	第四季度
年初现金（＋）				
申请短期贷款（＋）				
紧急贷款（＋）				
变卖生产线（＋）				
变卖原材料（＋）				
变卖厂房（＋）				
应收款到期（＋）				
支付上年应交税				
广告费				
贴现费用				
归还短贷及利息				
归还紧急贷款及利息				
原材料采购支付现金				
成品采购支付现金				
设备改造费				
生产线投资				
加工费用				
产品研发				
行政管理费				
长期贷款及利息				
设备维护费				
租金				
购买新建筑				
市场开拓投资				
ISO 认证投资				
其他				
现金余额				
需要新贷款				

表 3-32 第二年销售订单登记表

项目	1	2	3	4	5	6	合计
市场							
产品名称							
账期							
交货期							
单价							
订单数量							
订单销售额							
成本							
毛利							

表 3-33 第二年任务清单

年初:(根据提示,完成部分打钩)

(1)支付应付税(根据上年度结果)	☐
(2)支付广告费	☐
(3)登记销售订单	☐

每个季度:	第一季度	第二季度	第三季度	第四季度
(1)申请短期贷款/更新短期贷款/还本付息	☐	☐	☐	☐
(2)更新应付款/归还应付款	☐	☐	☐	☐
(3)更新原材料订单/原材料入库	☐	☐	☐	☐
(4)下原材料订单	☐	☐	☐	☐
(5)更新生产/完工入库	☐	☐	☐	☐
(6)投资新生产线/生产线改造/变卖生产线	☐	☐	☐	☐
(7)开始下一批生产	☐	☐	☐	☐
(8)产品研发投资	☐	☐	☐	☐
(9)更新应收款/应收款收现	☐	☐	☐	☐
(10)按订单交货	☐	☐	☐	☐
(11)支付行政管理费用	☐	☐	☐	☐

续表

年末：

(1)申请长期贷款/更新长期贷款/支付利息	☐
(2)支付设备维护费	☐
(3)支付租金(或购买建筑)	☐
(4)折旧	☐
(5)新市场开拓投资/ISO资格认证投资	☐
(6)关账	☐

表 3-34　　　　　　　　　　第二年现金流量表

项目	第一季度	第二季度	第三季度	第四季度
应收款到期(＋)				
变卖生产线(＋)				
变卖原材料/产品(＋)				
变卖厂房(＋)				
短期贷款(＋)				
紧急贷款(＋)				
长期贷款(＋)				
收入总计				
支付上年应交税				
广告费				
贴现费用				
归还短贷及利息				
归还紧急贷款及利息				
原材料采购支付现金				
成品采购支付现金				
设备改造费				
生产线投资				
加工费用				
产品研发				

续表

项目	第一季度	第二季度	第三季度	第四季度
行政管理费				
长期贷款及利息				
设备维护费				
租金				
购买新建筑				
市场开拓投资				
ISO 认证投资				
其他				
支出总计				
现金余额				

表 3-35　　　　　　　第二年组间成品交易登记表

购入					售出				
产品	数量	单价	合计	成本	产品	数量	单价	合计	利润

表 3-36　　　　　　　第二年资产负债表　　　　　　单位:百万元

资产	年初数	期末数	负债及所有者权益	年初数	期末数
流动资产:			负债:		
现金			短期负债		
应收账款			应付账款		
原材料			应交税金		
产成品			长期负债		
在制品					

续表

资产	年初数	期末数	负债及所有者权益	年初数	期末数
流动资产合计			负债合计		
固定资产:			所有者权益:		
土地建筑原价			股东资本		
机器设备净值			以前年度利润		
在建工程			当年净利润		
固定资产合计			所有者权益合计		
资产总计			负债及权益总计		

表 3-37　　　　　　　　　　**第二年综合管理费用明细表**　　　　　　　单位:百万元

项目	金额
行政管理费	
广告费	
设备维护费	
设备改造费	
租金	
产品研发	
市场开拓	
ISO 认证	
其他	
合计	

表 3-38　　　　　　　　　　　　**第二年损益表**　　　　　　　　　单位:百万元

项目	去年	今年
一、销售收入		
减:成本		
二、毛利		
减:综合费用		

续表

项目	去年	今年
折旧		
财务净损益		
三、营业利润		
加:营业外净收益		
四、利润总额		
减:所得税		
五、净利润		

【经营宝典】 密切注意现金流

速动比率(＞1):公司的流动资产多于流动负债,但即使大于1,仍旧有偿付问题。

$$速动比率 = \frac{速动资产(现金＋应收账款)}{短期债务(一年内到期债务)}$$

需要思考:

1.公司是否需要更多的流动资产来偿付债务?

2.公司是否可以用较少的流动资产来运作?

需要关注:

1.减少成品库存、原料库存和在制品数量。

2.关注应收账款和应付账款,可以充分利用原材料采购的规模效应。

第二年回顾

体会与收获:

_____

_____

计划:

_____

_____

_____

4. 第三年经营实战

第三年经营实战相关表格如表 3-39～表 3-51 所示。

表 3-39 **第三年重要决策表**

第一季度	第二季度	第三季度	第四季度	年末

表 3-40 **第三年生产线产能预估表**

项目			第一季度	第二季度	第三季度	第四季度
新华厂房	生产线 1	产品：				
	生产线 2	产品：				
	生产线 3	产品：				
	生产线 4	产品：				
中上厂房	生产线 5	产品：				
	生产线 6	产品：				
	生产线 7	产品：				
法华厂房	生产线 8	产品：				

表 3-41 **第三年生产计划与物料需求计划表**

产品：　　　　　　　　　　　　　生产线类型：

项目	去年				今年			
	第一季度	第二季度	第三季度	第四季度	第一季度	第二季度	第三季度	第四季度
产出计划								
投产计划								
原材料需求								
原材料采购								

表 3-42   **第三年采购计划汇总表**

原材料	第一季度	第二季度	第三季度	第四季度
M1				
M2				
M3				
M4				

表 3-43   **第三年广告投入单**

年度	市场类别	Beryl	Crystal	Ruby	Sapphire
第三年	本地				
	区域				
	国内				
	亚洲				
	国际				

表 3-44   **第三年现金预算表**

项目	第一季度	第二季度	第三季度	第四季度
年初现金（＋）				
申请短期贷款（＋）				
紧急贷款（＋）				
变卖生产线（＋）				
变卖原材料（＋）				
变卖厂房（＋）				
应收款到期（＋）				
支付上年应交税				
广告费				
贴现费用				
归还短贷及利息				
归还紧急贷款及利息				
原材料采购支付现金				

续表

项目	第一季度	第二季度	第三季度	第四季度
成品采购支付现金				
设备改造费				
生产线投资				
加工费用				
产品研发				
行政管理费				
长期贷款及利息				
设备维护费				
租金				
购买新建筑				
市场开拓投资				
ISO 认证投资				
其他				
现金余额				
需要新贷款				

表 3-45   第三年销售订单登记表

项目	1	2	3	4	5	6	合计
市场							
产品名称							
账期							
交货期							
单价							
订单数量							
订单销售额							
成本							
毛利							

表 3-46 第三年任务清单

年初:(根据提示,完成部分打钩)

(1)支付应付税(根据上年度结果)	☐
(2)支付广告费	☐
(3)登记销售订单	☐

每个季度:	第一季度	第二季度	第三季度	第四季度
(1)申请短期贷款/更新短期贷款/还本付息	☐	☐	☐	☐
(2)更新应付款/归还应付款	☐	☐	☐	☐
(3)更新原材料订单/原材料入库	☐	☐	☐	☐
(4)下原材料订单	☐	☐	☐	☐
(5)更新生产/完工入库	☐	☐	☐	☐
(6)投资新生产线/生产线改造/变卖生产线	☐	☐	☐	☐
(7)开始下一批生产	☐	☐	☐	☐
(8)产品研发投资	☐	☐	☐	☐
(9)更新应收款/应收款收现	☐	☐	☐	☐
(10)按订单交货	☐	☐	☐	☐
(11)支付行政管理费用	☐	☐	☐	☐

年末:

(1)申请长期贷款/更新长期贷款/支付利息	☐
(2)支付设备维护费	☐
(3)支付租金(或购买建筑)	☐
(4)折旧	☐
(5)新市场开拓投资/ISO 资格认证投资	☐
(6)关账	☐

表 3-47 第三年现金流量表

项目	第一季度	第二季度	第三季度	第四季度
应收款到期(+)				
变卖生产线(+)				
变卖原材料/产品(+)				

续表

项目	第一季度	第二季度	第三季度	第四季度
变卖厂房(+)				
短期贷款(+)				
紧急贷款(+)				
长期贷款(+)				
收入总计				
支付上年应交税				
广告费				
贴现费用				
归还短贷及利息				
归还紧急贷款及利息				
原材料采购支付现金				
成品采购支付现金				
设备改造费				
生产线投资				
加工费用				
产品研发				
行政管理费				
长期贷款及利息				
设备维护费				
租金				
购买新建筑				
市场开拓投资				
ISO 认证投资				
其他				
支出总计				
现金余额				

表 3-48 第三年组间成品交易登记表

购入					售出				
产品	数量	单价	合计	成本	产品	数量	单价	合计	利润

表 3-49 第三年资产负债表 单位:百万元

资产	年初数	期末数	负债及所有者权益	年初数	期末数
流动资产:			负债:		
现金			短期负债		
应收账款			应付账款		
原材料			应交税金		
产成品			长期负债		
在制品					
流动资产合计			负债合计		
固定资产:			所有者权益:		
土地建筑原价			股东资本		
机器设备净值			以前年度利润		
在建工程			当年净利润		
固定资产合计			所有者权益合计		
资产总计			负债及权益总计		

表 3-50　　　　　　　　　　　第三年综合管理费用明细表　　　　　　单位:百万元

项目	金额
行政管理费	
广告费	
设备维护费	
设备改造费	
租金	
产品研发	
市场开拓	
ISO 认证	
其他	
合计	

表 3-51　　　　　　　　　　　　　第三年损益表　　　　　　　　　单位:百万元

项目	去年	今年
一、销售收入		
减:成本		
二、毛利		
减:综合费用		
折旧		
财务净损益		
三、营业利润		
加:营业外净收益		
四、利润总额		
减:所得税		
五、净利润		

第三年回顾

体会与收获：

_____

_____

_____

计划：

_____

_____

_____

_____

【经营宝典】 密切注意现金流

企业资金来源如图 3-18 所示。

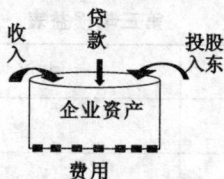

图 3-18　企业资金来源

【经营宝典】 建立情报服务与竞争战略

市场调研：

(1)需求有多大？将来会如何变化？

(2)最近开发了哪些新技术？哪一项技术接近于突破？

(3)有没有现成的技术可应用于新的客户群体？

竞争力分析(竞争对手分析)：

(1)市场份额；

(2)战略变化；

(3)未来目标；

(4)薄弱环节；

(5)可以分析的方法很多,例如：

①经营者动向(经验、能力、性格)；

②营业状况(客户关系、支付情况、银行关系、业绩现况)；

③财务数据(损益表、资产负债表)等。

竞争战略,又称竞争定位战略,可分为:

1.成本领先战略

它指企业努力减少生产及分销成本,使价格低于竞争者的产品价格,以提高市场占有率。

2.差异战略

它指企业努力发展差异性大的产品线和营销项目,以成为同行业中的领先者。在价格相对不高的情况下,大多数顾客均会偏好此种产品。

3.聚焦战略

它指企业致力于某几个细分市场,而不是将力量均匀地投入整个市场。

竞争策略在操作上有两种方式:

1.竞争者导向

它指以竞争者为中心,根据竞争者的行动和反应来采取行动的公司。公司将其大部分的时间用于追踪竞争者的行动、市场占有率,试图找出对策来反击。

竞争者导向的优点——随时保持警觉,可以找出自己的弱点和竞争者的弱点。

竞争者导向的缺点——公司也许会反应过度。竞争者导向公司的行动以竞争者的行动为根据,而非实施自己一贯的顾客导向策略。结果由于过度依赖竞争者,公司并没有根据计划好的路线行动来走向目的地,而且往往不知道将止于何处。

2.顾客导向

顾客导向即以顾客为中心,具体指公司在制订营销计划时更倾向于顾客的需求。以顾客为中心的公司更容易确认新的市场营销机会,并且能制订具有长期意义的策略。通过观察顾客需求,可以决定什么样的顾客群体以及什么样的紧急需求最值得服务,最值得作为公司的目标。

与竞争者导向相比,顾客导向的公司所实施的任何战略,所作出的一切反应均是以顾客的行为为根据的。这样的做法具有现时性,而且公司的行为和结果之间往往存在着直接的联系,是有目的的行为方式。从现实的需求出发,努力满足顾客的需求,这是公司的首要任务,当然,完成任务之后也能收到预期的效果。但是,顾客导向也有其自身的不足,那就是只考虑顾客,而不顾现实环境,所做出的行为适应不了环境,终将为环境所淘汰。现实的竞争环境说明,只有好好利用环境,才能在环境中生存下去。

竞争使公司不断创新,不断进取。现代企业应以市场为中心,同时观察顾客和竞争者。

5. 第四年经营实战

第四年经营实战相关表格如表 3-52～表 3-64 所示。

表 3-52   **第四年重要决策表**

第一季度	第二季度	第三季度	第四季度	年末

表 3-53   **第四年生产线产能预估表**

项目			第一季度	第二季度	第三季度	第四季度
新华厂房	生产线 1	产品：				
	生产线 2	产品：				
	生产线 3	产品：				
	生产线 4	产品：				
中上厂房	生产线 5	产品：				
	生产线 6	产品：				
	生产线 7	产品：				
法华厂房	生产线 8	产品：				

表 3-54   **第四年生产计划与物料需求计划表**

产品：   生产线类型：

项目	去年				今年			
	第一季度	第二季度	第三季度	第四季度	第一季度	第二季度	第三季度	第四季度
产出计划								
投产计划								
原材料需求								
原材料采购								

表 3-55 　　　　　　　　　第四年采购计划汇总表

原材料	第一季度	第二季度	第三季度	第四季度
M1				
M2				
M3				
M4				

表 3-56 　　　　　　　　　第四年广告投入单

年度	市场类别	Beryl	Crystal	Ruby	Sapphire
第四年	本地				
	区域				
	国内				
	亚洲				
	国际				

表 3-57 　　　　　　　　　第四年现金预算表

项目	第一季度	第二季度	第三季度	第四季度
年初现金（＋）				
申请短期贷款（＋）				
紧急贷款（＋）				
变卖生产线（＋）				
变卖原材料（＋）				
变卖厂房（＋）				
应收款到期（＋）				
支付上年应交税				
广告费				
贴现费用				
归还短贷及利息				
归还紧急贷款及利息				
原材料采购支付现金				

项目	第一季度	第二季度	第三季度	第四季度
成品采购支付现金				
设备改造费				
生产线投资				
加工费用				
产品研发				
行政管理费				
长期贷款及利息				
设备维护费				
租金				
购买新建筑				
市场开拓投资				
ISO 认证投资				
其他				
现金余额				
需要新贷款				

表 3-58　　　　　　　　　第四年销售订单登记表

项目	1	2	3	4	5	6	合计
市场							
产品名称							
账期							
交货期							
单价							
订单数量							
订单销售额							
成本							
毛利							

表 3-59   **第四年任务清单**

年初：(根据提示,完成部分打钩)				
(1)支付应付税(根据上年度结果)			☐	
(2)支付广告费			☐	
(3)登记销售订单			☐	
每个季度：	第一季度	第二季度	第三季度	第四季度
(1)申请短期贷款/更新短期贷款/还本付息	☐	☐	☐	☐
(2)更新应付款/归还应付款	☐	☐	☐	☐
(3)更新原材料订单/原材料入库	☐	☐	☐	☐
(4)下原材料订单	☐	☐	☐	☐
(5)更新生产/完工入库	☐	☐	☐	☐
(6)投资新生产线/生产线改造/变卖生产线	☐	☐	☐	☐
(7)开始下一批生产	☐	☐	☐	☐
(8)产品研发投资	☐	☐	☐	☐
(9)更新应收款/应收款收现	☐	☐	☐	☐
(10)按订单交货	☐	☐	☐	☐
(11)支付行政管理费用	☐	☐	☐	☐
年末：				
(1)申请长期贷款/更新长期贷款/支付利息			☐	
(2)支付设备维护费			☐	
(3)支付租金(或购买建筑)			☐	
(4)折旧			☐	
(5)新市场开拓投资/ISO 资格认证投资			☐	
(6)关账			☐	

表 3-60   **第四年现金流量表**

项目	第一季度	第二季度	第三季度	第四季度
应收款到期(＋)				
变卖生产线(＋)				
变卖原材料/产品(＋)				

项目	第一季度	第二季度	第三季度	第四季度
变卖厂房(＋)				
短期贷款(＋)				
紧急贷款(＋)				
长期贷款(＋)				
收入总计				
支付上年应交税				
广告费				
贴现费用				
归还短贷及利息				
归还紧急贷款及利息				
原材料采购支付现金				
成品采购支付现金				
设备改造费				
生产线投资				
加工费用				
产品研发				
行政管理费				
长期贷款及利息				
设备维护费				
租金				
购买新建筑				
市场开拓投资				
ISO认证投资				
其他				
支出总计				
现金余额				

表 3-61   **第四年组间成品交易登记表**

购入					售出				
产品	数量	单价	合计	成本	产品	数量	单价	合计	利润

表 3-62   **第四年资产负债表**   单位:百万元

资产	年初数	期末数	负债及所有者权益	年初数	期末数
流动资产:			负债:		
现金			短期负债		
应收账款			应付账款		
原材料			应交税金		
产成品			长期负债		
在制品					
流动资产合计			负债合计		
固定资产:			所有者权益:		
土地建筑原价			股东资本		
机器设备净值			以前年度利润		
在建工程			当年净利润		
固定资产合计			所有者权益合计		
资产总计			负债及权益总计		

表 3-63   **第四年综合管理费用明细表**   单位:百万元

项目	金额
行政管理费	
广告费	
设备维护费	

续表

项目	金额
设备改造费	
租金	
产品研发	
市场开拓	
ISO 认证	
其他	
合计	

表 3-64 　　　　　　　　　　第四年损益表 　　　　　　　　单位:百万元

项目	去年	今年
一、销售收入		
减:成本		
二、毛利		
减:综合费用		
折旧		
财务净损益		
三、营业利润		
加:营业外净收益		
四、利润总额		
减:所得税		
五、净利润		

【经营宝典】　明智地投资

明确一项投资是否有获利能力的原则:研究预期可作为投资结果的支付款项与现金支付的款项,而不是收入和费用。

计算方法:资本投资回收年数法。

(1)通过每年生产的额外利润得出收回初期投资的全部金额所需要的时间。

(2)未考虑利息支付、货币贬值。

例:设备初始投资:500 万元。

设备产生年收入:300 万元。

设备经济寿命期:5 年。

每年持续支付费用:100 万元。

回收期:500/(300−100)＝2.5 年。

计算你所投资的生产线。（讨论）

_____

_____

投资是否合理？（讨论）

_____

_____

_____

【经营宝典】 资金不利时的处理方法

资金不利时的处理流程如图 3-19 所示。

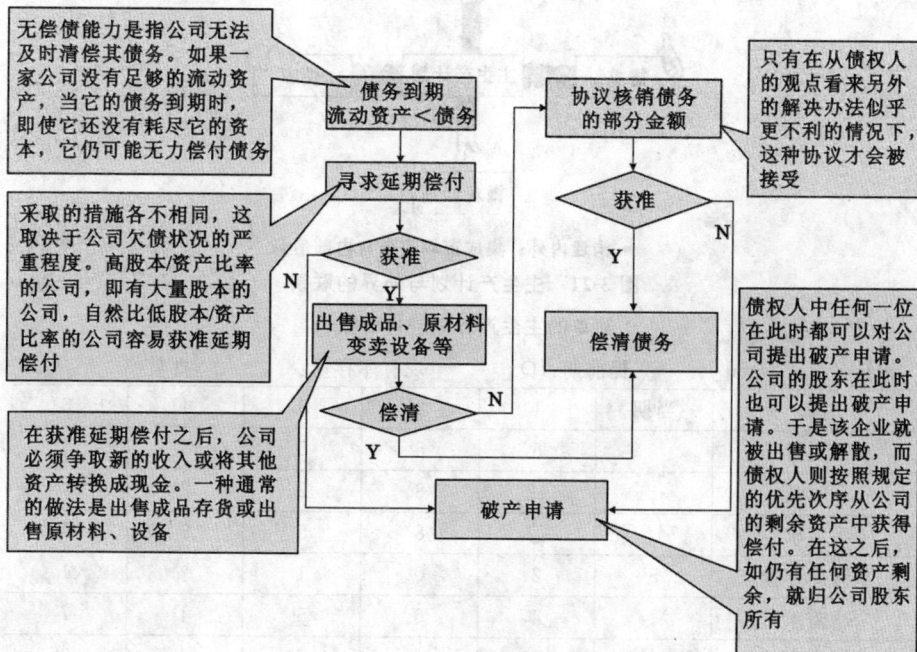

图 3-19 资金不利时的处理流程

【经营宝典】用简单的手段实行控制——MRP Ⅱ

物料需求计划 MRP 简图如图 3-20 所示。

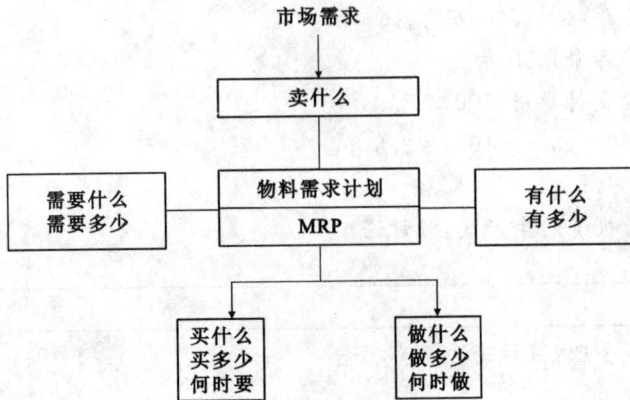

图 3-20 物料需求计划 MRP 简图

1. 主生产计划(MPS)

主生产计划的相关图表如图 3-21、表 3-65 所示。

• 承上启下:将宏观计划转换为微观计划

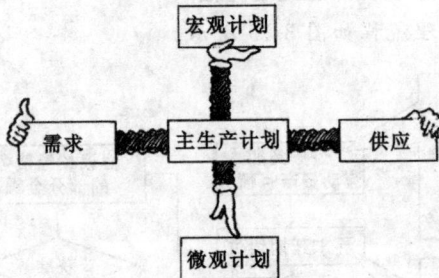

• 沟通内外:集成市场信息与内部信息

图 3-21 主生产计划与外界的联系

表 3-65   简单的主生产计划(MPS)报表

物料名称:Crystal   提前期:1Q   现有库存量:8   批量:3

时段	当期	1	2	3	4	5
预测量		5	5	5	5	5
合同量		12	8	2	2	9
毛需求		12	8	5	5	9
预计库存量	8	2	0	1	?	1
净需求		4	6	5	4	7
计划产出量		6	6	6	6	9
计划投入量	6	6	6	6	9	

2.能力需求计划(CRP)

核定瓶颈工作中心、人力和原材料等资源是否能满足 MPS 的步骤如下。

第一步:编制资源清单(表 3-66)。

表 3-66　　　　　　　　　　　　　　**资源清单**　　　　　　　　　　　单位:小时

产品类	焊接车间机时	装配车间机时
B77 26 吋	0.075	0.1
G77 26 吋	0.0842	0.1

第二步:计算 MPS 的需求资源(表 3-67)。

表 3-67　　　　　　　　　　　　　　**需求资源清单**　　　　　　　　　　单位:小时

产品类	1月份					2月份			
	数量/个	焊接车间机时(每辆)	焊接工时	装配车间机时(每辆)	装配工时	数量/个	焊接车间机时(每辆)	焊接工时	装配车间机时(每辆)
B77 26 吋	250	0.075	18.8	0.1	25	240	0.075	18	0.1
G77 26 吋	200	0.0842	16.8	0.1	20	210	0.0842	17.7	0.1
合计			35.6		45			35.7	

第三步:评价 MPS。

如果需求大于能力,则

①改变负能量:重排订单、拖延订单、中止订单、订单拆零……

②改变能力:改变工艺、加班、外协加工、雇用临时工……

3.物料需求计划

物料需求计划相关图如图 3-22、图 3-23 所示。

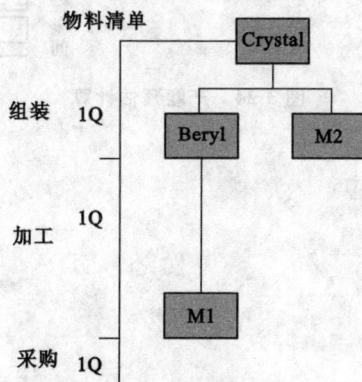

图 3-22　物料需求计划

Crystal
提前期：1
批量：1
现有量：0

生产计划采购计划

时段	当期	1	2	3	4	5
计划产出量					6	11
计划投入量				6	11	

Beryl
提前期：1
批量：1
现有量：0

时段	当期	1	2	3	4	5
计划产出量				6	11	
计划投入量			6	11		

M1
提前期：1
批量：10
现有量：5

时段	当期	1	2	3	4	5
毛需求			6	11		
库存量	5	5	9	8		
净需求			1	2		
订单下达		10	10			

图 3-23　简化的 MRP 运算

4. 产能预估

产能预估计算如图 3-24 所示。

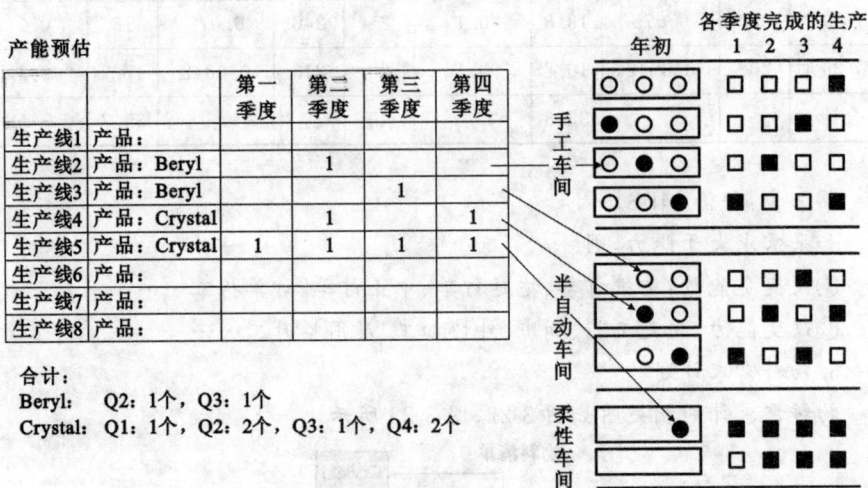

各季度完成的生产

产能预估

生产线	产品	第一季度	第二季度	第三季度	第四季度
生产线1	产品：				
生产线2	产品：Beryl		1		
生产线3	产品：Beryl			1	
生产线4	产品：Crystal		1		1
生产线5	产品：Crystal	1	1	1	1
生产线6	产品：				
生产线7	产品：				
生产线8	产品：				

合计：
Beryl：　Q2：1个，Q3：1个
Crystal：Q1：1个，Q2：2个，Q3：1个，Q4：2个

图 3-24　产能预估计算

5.生产计划、物料需求计划与采购计划

生产计划、物料需求计划与采购计划相关图如图 3-25 所示。

生产计划与物料需求计划：

产品：Beryl　　生产线类型：手工线

Beryl (Y1，本地) 4×4.3M=17M ISO9000 账期：1Q 交货：Q2

库存：Beryl 1个

要求：第二季度产出3个Beryl

	第一季度	第二季度	第三季度	第四季度	第一季度	第二季度	第三季度	第四季度
产出计划							1	
投产计划			1					
原材料需求 M1			1					
原材料采购 M1		1						

生产线2：产品Beryl

产品：　　　生产线类型：

	第一季度	第二季度	第三季度	第四季度	第一季度	第二季度	第三季度	第四季度
产出计划						1		
投产计划			1					
原材料需求 M1			1					
原材料采购 M1		1						

实际结果：现有生产线第二季度产出2个Beryl

原材料采购汇总：上一年：M1(Q2：1个，Q3：1个)

图 3-25　生产计划、物料需求计划与采购计划

第四年回顾

体会与收获：

_____

_____

计划：

_____

_____

_____

6.第五年经营实战

第五年经营实战相关的表格如表 3-68～表 3-80 所示。

表 3-68 **第五年重要决策表**

第一季度	第二季度	第三季度	第四季度	年末

表 3-69 **第五年生产线产能预估表**

项目			第一季度	第二季度	第三季度	第四季度
新华厂房	生产线1	产品：				
	生产线2	产品：				
	生产线3	产品：				
	生产线4	产品：				
中上厂房	生产线5	产品：				
	生产线6	产品：				
	生产线7	产品：				
法华厂房	生产线8	产品：				

表 3-70 **第五年生产计划与物料需求计划表**

产品： 生产线类型：

项目	去年				今年			
	第一季度	第二季度	第三季度	第四季度	第一季度	第二季度	第三季度	第四季度
产出计划								
投产计划								
原材料需求								
原材料采购								

表 3-71　　　　　　　　　　第五年采购计划汇总表

原材料	第一季度	第二季度	第三季度	第四季度
M1				
M2				
M3				
M4				

表 3-72　　　　　　　　　　第五年广告投入单

年度	市场类别	Beryl	Crystal	Ruby	Sapphire
第五年	本地				
	区域				
	国内				
	亚洲				
	国际				

表 3-73　　　　　　　　　　第五年现金预算表

项目	第一季度	第二季度	第三季度	第四季度
年初现金（＋）				
申请短期贷款（＋）				
紧急贷款（＋）				
变卖生产线（＋）				
变卖原材料（＋）				
变卖厂房（＋）				
应收款到期（＋）				
支付上年应交税				
广告费				
贴现费用				
归还短贷及利息				
归还紧急贷款及利息				
原材料采购支付现金				

续表

项目	第一季度	第二季度	第三季度	第四季度
成品采购支付现金				
设备改造费				
生产线投资				
加工费用				
产品研发				
行政管理费				
长期贷款及利息				
设备维护费				
租金				
购买新建筑				
市场开拓投资				
ISO认证投资				
其他				
现金余额				
需要新贷款				

表 3-74　　　　　　　　第五年销售订单登记表

项目	1	2	3	4	5	6	合计
市场							
产品名称							
账期							
交货期							
单价							
订单数量							
订单销售额							
成本							
毛利							

表 3-75 第五年任务清单

年初:(根据提示,完成部分打钩)

(1)支付应付税(根据上年度结果)	☐
(2)支付广告费	☐
(3)登记销售订单	☐

每个季度:	第一季度	第二季度	第三季度	第四季度
(1)申请短期贷款/更新短期贷款/还本付息	☐	☐	☐	☐
(2)更新应付款/归还应付款	☐	☐	☐	☐
(3)更新原材料订单/原材料入库	☐	☐	☐	☐
(4)下原材料订单	☐	☐	☐	☐
(5)更新生产/完工入库	☐	☐	☐	☐
(6)投资新生产线/生产线改造/变卖生产线	☐	☐	☐	☐
(7)开始下一批生产	☐	☐	☐	☐
(8)产品研发投资	☐	☐	☐	☐
(9)更新应收款/应收款收现	☐	☐	☐	☐
(10)按订单交货	☐	☐	☐	☐
(11)支付行政管理费用	☐	☐	☐	☐

年末:

(1)申请长期贷款/更新长期贷款/支付利息	☐
(2)支付设备维护费	☐
(3)支付租金(或购买建筑)	☐
(4)折旧	☐
(5)新市场开拓投资/ISO 资格认证投资	☐
(6)关账	☐

表 3-76 第五年现金流量表

项目	第一季度	第二季度	第三季度	第四季度
应收款到期(+)				
变卖生产线(+)				
变卖原材料/产品(+)				

续表

项目	第一季度	第二季度	第三季度	第四季度
变卖厂房（＋）				
短期贷款（＋）				
紧急贷款（＋）				
长期贷款（＋）				
收入总计				
支付上年应交税				
广告费				
贴现费用				
归还短贷及利息				
归还紧急贷款及利息				
原材料采购支付现金				
成品采购支付现金				
设备改造费				
生产线投资				
加工费用				
产品研发				
行政管理费				
长期贷款及利息				
设备维护费				
租金				
购买新建筑				
市场开拓投资				
ISO认证投资				
其他				
支出总计				
现金余额				

表 3-77   **第五年组间成品交易登记表**

购入					售出				
产品	数量	单价	合计	成本	产品	数量	单价	合计	利润

表 3-78   **第五年资产负债表**   单位:百万元

资产	年初数	期末数	负债及所有者权益	年初数	期末数
流动资产:			负债:		
现金			短期负债		
应收账款			应付账款		
原材料			应交税金		
产成品			长期负债		
在制品					
流动资产合计			负债合计		
固定资产:			所有者权益:		
土地建筑原价			股东资本		
机器设备净值			以前年度利润		
在建工程			当年净利润		
固定资产合计			所有者权益合计		
资产总计			负债及权益总计		

表 3-79   **第五年综合管理费用明细表**   单位:百万元

项目	金额
行政管理费	
广告费	
设备维护费	

续表

项目	金额
设备改造费	
租金	
产品研发	
市场开拓	
ISO 认证	
其他	
合计	

表 3-80 　　　　　　　　　　第五年损益表　　　　　　　　单位:百万元

项目	去年	今年
一、销售收入		
减:成本		
二、毛利		
减:综合费用		
折旧		
财务净损益		
三、营业利润		
加:营业外净收益		
四、利润总额		
减:所得税		
五、净利润		

【经营宝典】 控制库存

提高获利能力,需要提升资本效率。

(1)控制采购。

①增加购买次数,减少库存。

②与供应商的年度框架协议,持续订购。

③要求供应商能有效计划其生产能力。

（2）减少在制品。控制生产节奏，减少在制品闲置时间。

（3）缩减产品更换时间。

（4）通过模块化减少成品的库存。通过模块化，减少最终产品系列。

JIT 简介

（5）实行 JIT(just in time,准时制)生产方式，原材料直接从供应商运往工厂车间。

（6）其他措施：要求生产部门对滞留在生产过程中的资金支付利息。

讨论你的公司如何控制库存。

库存现状：

_____

_____

如何控制库存？

_____

_____

_____

产品生命周期曲线（图 3-26）适用范围：该曲线适用于一般产品的生命周期的描述，不适用于风格型、时尚型、热潮型和扇贝型产品的生命周期的描述。

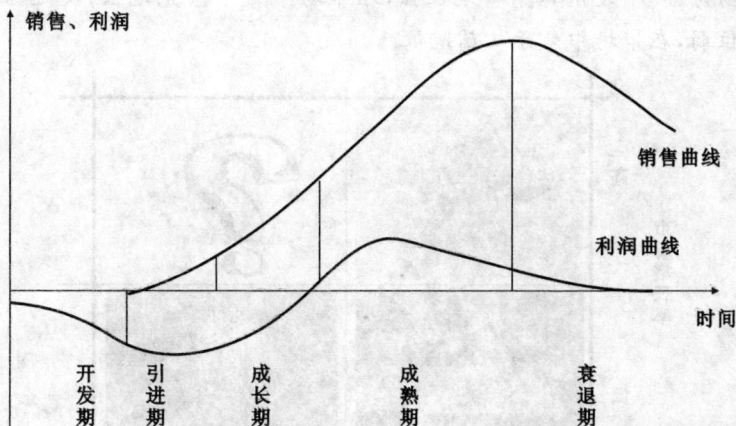

图 3-26　产品生命周期曲线

（1）开发期：从开发产品的设想到产品制造成功的时期。在此期间该产品销售额为零，公司投资不断增加。

（2）引进期：新产品新上市，销售缓慢。由于引进产品的费用太高，初期通常利润偏低或为负数，但此时没有或只有极少的竞争者。

（3）成长期：产品经过一段时间已有相当的知名度，销售快速增长，利润也显著增加。但由于市场及利润增长较快，容易吸引更多的竞争者。

（4）成熟期：此时市场成长趋势减缓或饱和，产品已被大多数潜在购买者所接受，利润在达到顶点后逐渐走下坡路。此时市场竞争激烈，公司为保持产品地位需投入大量的营销费用。

（5）衰退期：在这期间产品销售量显著衰退，利润也大幅度滑落。优胜劣汰，市场竞争者也越来越少。

一般来说，企业都会有一个或几个经营业务或产品，如何对这些业务进行投资组合分析是企业管理者在战略制订时要重点考虑的问题。

投资组合分析法中最常用的方法是波士顿矩阵（图 3-27）（又叫市场增长率-市场占有率矩阵），它是美国波士顿咨询公司（BCG）在 1960 年时提出的一种产品结构分析的方法。这种方法是把企业生产经营的全部产品或业务的组合作为一个整体进行分析，常常用来分析企业相关经营业务之间现金流量的平衡问题。通过这种方法，企业可以找到企业资源的产生单位和这些资源的最佳使用单位。

在图 3-27 中，矩阵的横轴表示企业在行业中的相对市场份额地位，是指企业某项业务的市场份额与这个市场中最大的竞争对手的市场份额的比重。相对市场份额的分界线是 1.0~1.5，划分出高、低两个区域。某项产品或业务的相对市场份额多，表示其竞争地位强，在市场中处于领先地位；反之，则表示其竞争地位弱，在市场中处于从属地位。

图 3-27　波士顿矩阵

　　纵轴表示市场增长率,是指企业所在的行业某项业务最近两年的市场销售额增长的百分比。这一增长率表示每一经营业务所在市场的相对吸引力。在分析中,通常用10%的增长率作为增长高低的界限。最近两年平均增长率超过10%的为高增长业务,低于10%的为低增长业务。

　　利用这一矩阵进行如下分析。

　　(1)高增长、低竞争地位的"问题"型业务。

　　这类业务通常处于最差的现金流状态。一方面,所在行业市场增长率极高,企业需要大量的投资支持其生产经营活动;另一方面,其相对市场份额较低,能够生成的资金较少。因此,企业对于"问题"业务的投资需要进一步分析,判断使其转移到"明星"业务所需要的投资量,分析其未来是否盈利,研究是否值得投资的问题。

　　(2)高增长、强竞争地位的"明星"型业务。

　　这类业务处于迅速增长的状态,具有很大的市场份额。在企业的全部业务中,"明星"业务在增长和盈利上有着极好的长期机会,但它们是企业资源的主要消费者,需要大量的投资。为了保护或扩展明星业务在增长的市场中占据主导地位,企业应在短期内优先供给它们所需要的资源,支持它们继续发展。

　　(3)低增长、强竞争地位的"现金牛"型业务。

　　这类业务处于成熟的低增长状态中,市场地位有利,盈利率很高,本身不需要投资,反而能为企业提供大量资金,用以支持其他业务的发展。

　　(4)低增长、弱竞争地位的"瘦狗"型业务。

　　这类业务处于饱和的市场当中,竞争激烈,可获利润极小,不能成为企业主要资金的来源。如果这类业务还能自我维持,则应缩小经营范围,加强内部管理。如果这类业务已彻底失败,企业应当及时采取措施,清理业务或退出经营领域。

　　波士顿矩阵分析的目的在于帮助企业确定自己的总体战略。在总体战略的选择上,波士顿矩阵有两点重要的贡献。

　　(1)该矩阵指出了每个经营业务在竞争中的市场地位,使企业了解它的作用或任务,从而有选择地和集中地运用企业优先的资金。例如,企业要把"现金牛"业务作为重要的资金来源,并放在优先的位置上;同样,企业可以考虑把资金集中在未来有希望的"明星"型业务问题上;并根据情况,有选择地抛弃"瘦狗"型业务和无希望的"问题"型业务。如果企业对经营的业务不加区分,采取一刀切的办法,规定同样的目标,按相同的比例分配资金,配备相同数量的机器和人员等,结果往往是对"现金牛"和"瘦狗"投入了太多的资金,而对"明星"和"问题"业务投资不足。这样的企业难以获得长期的发展。

(2)波士顿矩阵将企业不同经营领域内的业务综合到一个矩阵中,具有简单明了的效果。在其他战略没有发生变化的前提下企业可以通过波士顿矩阵判断自己经营业务的机会和威胁、优势和劣势,判断当前的主要战略问题和企业未来的竞争地位。比较理想的投资组合使企业有较多的"明星"型和"现金牛"型业务,少数的"问题"型业务和极少的"瘦狗"型业务。

但是在把波士顿矩阵作为一种分析方法时,一定要注意到它的局限性,其局限性如下。

(1)在实践中,企业要确定各业务的市场增长率和相对市场份额是困难的。有时,数据会与实际不符。

(2)波士顿矩阵按照市场增长率和相对市场份额,把企业的市场业务分为四种类型,相对来说,有些过于简单。实际上,市场中还存在着很难确切归入各象限中的业务。

(3)波士顿矩阵中市场地位和获利之间的关系会根据行业或细分市场的不同而发生变化。在有些行业里,企业的市场份额大,会在单位成本上形成优势;而有些行业则不然,过于庞大的市场份额可能会导致企业成本的增加。实际上,市场占有率小的企业,如果采用创新和产品差异化的策略,仍然能获得很高的利润。

(4)企业要对自己一系列的经营业务进行战略评价,仅仅依靠市场增长率和相对市场份额是不够的,需要行业的技术等其他指标。

【经营宝典】 不断评估现有产品的获利能力

目前产品的分类(讨论)

_____

_____

_____

产品生命周期分析(讨论)

_____

_____

_____

第五年回顾

体会与收获：

_____

_____

计划：

_____

_____

_____

7.第六年经营实战

第六年经营实战相关表格如表 3-81～表 3-93 所示。

表 3-81   第六年重要决策表

第一季度	第二季度	第三季度	第四季度	年末

表 3-82   第六年生产线产能预估表

项目			第一季度	第二季度	第三季度	第四季度
新华厂房	生产线 1	产品：				
	生产线 2	产品：				
	生产线 3	产品：				
	生产线 4	产品：				
中上厂房	生产线 5	产品：				
	生产线 6	产品：				
	生产线 7	产品：				
法华厂房	生产线 8	产品：				

表 3-83   第六年生产计划与物料需求计划表

产品：   生产线类型：

项目	去年				今年			
	第一季度	第二季度	第三季度	第四季度	第一季度	第二季度	第三季度	第四季度
产出计划								
投产计划								
原材料需求								
原材料采购								

表 3-84   第六年采购计划汇总表

原材料	第一季度	第二季度	第三季度	第四季度
M1				
M2				
M3				
M4				

表 3-85   第六年广告投入单

年度	市场类别	Beryl	Crystal	Ruby	Sapphire
第六年	本地				
	区域				
	国内				
	亚洲				
	国际				

表 3-86   第六年现金预算表

项目	第一季度	第二季度	第三季度	第四季度
年初现金（＋）				
申请短期贷款（＋）				
紧急贷款（＋）				
变卖生产线（＋）				

项目	第一季度	第二季度	第三季度	第四季度
变卖原材料（＋）				
变卖厂房（＋）				
应收款到期（＋）				
支付上年应交税				
广告费				
贴现费用				
归还短贷及利息				
归还紧急贷款及利息				
原材料采购支付现金				
成品采购支付现金				
设备改造费				
生产线投资				
加工费用				
产品研发				
行政管理费				
长期贷款及利息				
设备维护费				
租金				
购买新建筑				
市场开拓投资				
ISO 认证投资				
其他				
现金余额				
需要新贷款				

表 3-87   第六年销售订单登记表

项目	1	2	3	4	5	6	合计
市场							
产品名称							
账期							
交货期							
单价							
订单数量							
订单销售额							
成本							
毛利							

表 3-88   第六年任务清单

年初:(根据提示,完成部分打钩)

(1)支付应付税(根据上年度结果)		☐
(2)支付广告费		☐
(3)登记销售订单		☐

每个季度:	第一季度	第二季度	第三季度	第四季度
(1)申请短期贷款/更新短期贷款/还本付息	☐	☐	☐	☐
(2)更新应付款/归还应付款	☐	☐	☐	☐
(3)更新原材料订单/原材料入库	☐	☐	☐	☐
(4)下原材料订单	☐	☐	☐	☐
(5)更新生产/完工入库	☐	☐	☐	☐
(6)投资新生产线/生产线改造/变卖生产线	☐	☐	☐	☐
(7)开始下一批生产	☐	☐	☐	☐
(8)产品研发投资	☐	☐	☐	☐
(9)更新应收款/应收款收现	☐	☐	☐	☐
(10)按订单交货	☐	☐	☐	☐
(11)支付行政管理费用	☐	☐	☐	☐

续表

年末：	
(1)申请长期贷款/更新长期贷款/支付利息	☐
(2)支付设备维护费	☐
(3)支付租金(或购买建筑)	☐
(4)折旧	☐
(5)新市场开拓投资/ISO资格认证投资	☐
(6)关账	☐

表 3-89　　　　　　　　　　　第六年现金流量表

项目	第一季度	第二季度	第三季度	第四季度
应收款到期(＋)				
变卖生产线(＋)				
变卖原材料/产品(＋)				
变卖厂房(＋)				
短期贷款(＋)				
紧急贷款(＋)				
长期贷款(＋)				
收入总计				
支付上年应交税				
广告费				
贴现费用				
归还短贷及利息				
归还紧急贷款及利息				
原材料采购支付现金				
成品采购支付现金				
设备改造费				
生产线投资				
加工费用				
产品研发				

续表

项目	第一季度	第二季度	第三季度	第四季度
行政管理费				
长期贷款及利息				
设备维护费				
租金				
购买新建筑				
市场开拓投资				
ISO 认证投资				
其他				
支出总计				
现金余额				

表 3-90 第六年组间成品交易登记表

购入					售出				
产品	数量	单价	合计	成本	产品	数量	单价	合计	利润

表 3-91 第六年资产负债表 单位:百万元

资产	年初数	期末数	负债及所有者权益	年初数	期末数
流动资产:			负债:		
现金			短期负债		
应收账款			应付账款		
原材料			应交税金		
产成品			长期负债		
在制品					

续表

资产	年初数	期末数	负债及所有者权益	年初数	期末数
流动资产合计			负债合计		
固定资产:			所有者权益:		
土地建筑原价			股东资本		
机器设备净值			以前年度利润		
在建工程			当年净利润		
固定资产合计			所有者权益合计		
资产总计			负债及权益总计		

表3-92　　　　　　　　　　**第六年综合管理费用明细表**　　　　　　　单位:百万元

项目	金额
行政管理费	
广告费	
设备维护费	
设备改造费	
租金	
产品研发	
市场开拓	
ISO认证	
其他	
合计	

表3-93　　　　　　　　　　**第六年损益表**　　　　　　　单位:百万元

项目	去年	今年
一、销售收入		
减:成本		
二、毛利		
减:综合费用		

续表

项目	去年	今年
折旧		
财务净损益		
三、营业利润		
加:营业外净收益		
四、利润总额		
减:所得税		
五、净利润		

【经营宝典】 融资的考虑

高低股权与资产比率如图 3-28 所示。

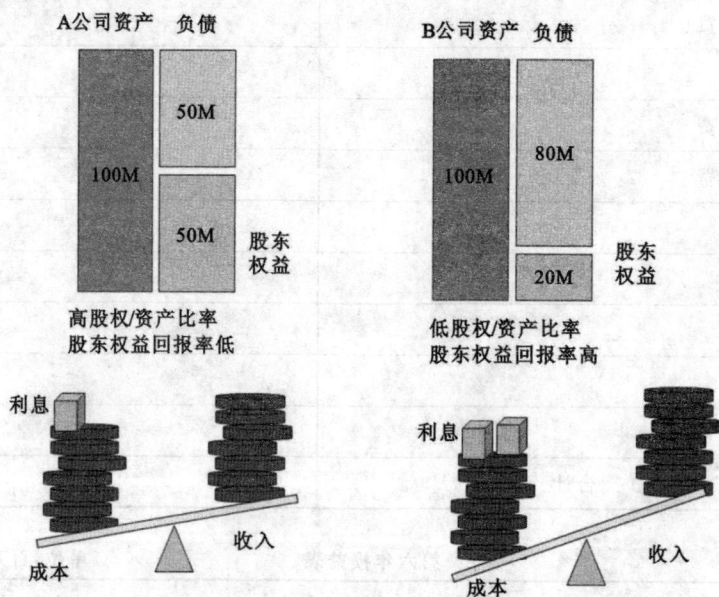

图 3-28　高低股权与资产比率

负债多,给企业的不利影响。（讨论）

_____

_____

_____

负债多,有利方面有哪些?(讨论)

_____

_____

_____

第六年回顾

体会与收获:

_____

_____

_____

计划:

_____

_____

_____

8.第七年经营实战

第七年经营实战相关表格如表 3-94～表 3-106 所示。

表 3-94　　　　　　　　**第七年重要决策表**

第一季度	第二季度	第三季度	第四季度	年末

表 3-95　　　　　　　　**第七年生产线产能预估表**

项目			第一季度	第二季度	第三季度	第四季度
新华厂房	生产线 1	产品:				
	生产线 2	产品:				
	生产线 3	产品:				
	生产线 4	产品:				

续表

项目			第一季度	第二季度	第三季度	第四季度
中上厂房	生产线 5	产品:				
	生产线 6	产品:				
	生产线 7	产品:				
法华厂房	生产线 8	产品:				

表 3-96　　　　　　　　**第七年生产计划与物料需求计划表**

产品:　　　　　　　　　　　　　·生产线类型:

项目	去年				今年			
	第一季度	第二季度	第三季度	第四季度	第一季度	第二季度	第三季度	第四季度
产出计划								
投产计划								
原材料需求								
原材料采购								

表 3-97　　　　　　　　**第七年采购计划汇总表**

原材料	第一季度	第二季度	第三季度	第四季度
M1				
M2				
M3				
M4				

表 3-98　　　　　　　　**第七年广告投入单**

年度	市场类别	Beryl	Crystal	Ruby	Sapphire
第七年	本地				
	区域				
	国内				
	亚洲				
	国际				

表 3-99　　　　　　　　　第七年现金预算表

项目	第一季度	第二季度	第三季度	第四季度
年初现金（＋）				
申请短期贷款（＋）				
紧急贷款（＋）				
变卖生产线（＋）				
变卖原材料（＋）				
变卖厂房（＋）				
应收款到期（＋）				
支付上年应交税				
广告费				
贴现费用				
归还短贷及利息				
归还紧急贷款及利息				
原材料采购支付现金				
成品采购支付现金				
设备改造费				
生产线投资				
加工费用				
产品研发				
行政管理费				
长期贷款及利息				
设备维护费				
租金				
购买新建筑				
市场开拓投资				
ISO 认证投资				
其他				
现金余额				
需要新贷款				

表 3-100 　　　　　　　　　　　第七年销售订单登记表

项目	1	2	3	4	5	6	合计
市场							
产品名称							
账期							
交货期							
单价							
订单数量							
订单销售额							
成本							
毛利							

表 3-101 　　　　　　　　　　　第七年任务清单

年初:(根据提示,完成部分打钩)				
(1)支付应付税(根据上年度结果)	☐			
(2)支付广告费	☐			
(3)登记销售订单	☐			
每个季度:	第一季度	第二季度	第三季度	第四季度
(1)申请短期贷款/更新短期贷款/还本付息	☐	☐	☐	☐
(2)更新应付款/归还应付款	☐	☐	☐	☐
(3)更新原材料订单/原材料入库	☐	☐	☐	☐
(4)下原材料订单	☐	☐	☐	☐
(5)更新生产/完工入库	☐	☐	☐	☐
(6)投资新生产线/生产线改造/变卖生产线	☐	☐	☐	☐
(7)开始下一批生产	☐	☐	☐	☐
(8)产品研发投资	☐	☐	☐	☐
(9)更新应收款/应收款收现	☐	☐	☐	☐
(10)按订单交货	☐	☐	☐	☐
(11)支付行政管理费用	☐	☐	☐	☐

续表

年末：	
(1)申请长期贷款/更新长期贷款/支付利息	☐
(2)支付设备维护费	☐
(3)支付租金(或购买建筑)	☐
(4)折旧	☐
(5)新市场开拓投资/ISO 资格认证投资	☐
(6)关账	☐

表 3-102　　　　　　　　　　**第七年现金流量表**

项目	第一季度	第二季度	第三季度	第四季度
应收款到期(＋)				
变卖生产线(＋)				
变卖原材料/产品(＋)				
变卖厂房(＋)				
短期贷款(＋)				
紧急贷款(＋)				
长期贷款(＋)				
收入总计				
支付上年应交税				
广告费				
贴现费用				
归还短贷及利息				
归还紧急贷款及利息				
原材料采购支付现金				
成品采购支付现金				
设备改造费				

续表

项目	第一季度	第二季度	第三季度	第四季度
生产线投资				
加工费用				
产品研发				
行政管理费				
长期贷款及利息				
设备维护费				
租金				
购买新建筑				
市场开拓投资				
ISO认证投资				
其他				
支出总计				
现金余额				

表3-103　　　　　　　　　　　第七年组间成品交易登记表

购入					售出				
产品	数量	单价	合计	成本	产品	数量	单价	合计	利润

表3-104　　　　　　　　　　　第七年资产负债表　　　　　　　单位:百万元

资产	年初数	期末数	负债及所有者权益	年初数	期末数
流动资产:			负债:		
现金			短期负债		
应收账款			应付账款		
原材料			应交税金		

续表

资产	年初数	期末数	负债及所有者权益	年初数	期末数
产成品			长期负债		
在制品					
流动资产合计			负债合计		
固定资产：			所有者权益：		
土地建筑原价			股东资本		
机器设备净值			以前年度利润		
在建工程			当年净利润		
固定资产合计			所有者权益合计		
资产总计			负债及权益总计		

表 3-105　　　　　　　　　**第七年综合管理费用明细表**　　　　　　单位:百万元

项目	金额
行政管理费	
广告费	
设备维护费	
设备改造费	
租金	
产品研发	
市场开拓	
ISO 认证	
其他	
合计	

表 3-106　　　　　　　　　　　　**第七年损益表**　　　　　　　　单位:百万元

项目	去年	今年
一、销售收入		
减:成本		
二、毛利		
减:综合费用		
折旧		
财务净损益		

续表

项目	去年	今年
三、营业利润		
加:营业外净收益		
四、利润总额		
减:所得税		
五、净利润		

【经营宝典】你了解市场和竞争对手吗?

SWOT 分析如图 3-29 所示。

Strengths 优势	Weaknesses 劣势
Opportunities 机会	Threats 威胁

图 3-29　SWOT 分析

企业经营实训
——综合指标

第七年回顾

体会与收获:

_____

_____

_____

计划:

_____

_____

_____

第四章　财务报表分析

【学习重点】
➤ 财务报表分析的基本概念。
➤ 各种指标的计算方法。

【学习难点】
➤ 结合经营过程中的财务状况进行指标计算。
➤ 通过财务报表分析，制订企业经营战略。

财务报表分析

一、财务报表分析

　　财务报表是一个公司的财务状况、经营业绩和发展趋势的综合反映，是投资者了解公司、决定投资行为的最全面、最翔实、最可靠的第一手资料。财务报表分析以财务报表为主要依据，采用科学的评价标准和实用的分析方法，通过对企业的财务状况、经营成果和现金流量等重要指标的比较分析，从而对企业的经营情况及其绩效作出判断、评价和预测。财务报表分析的方法主要有比率分析、趋势分析和综合分析。下面通过为某公司创建和分析财务报表来学习这三种方法。

（一）财务报表比率分析法

　　财务报表比率分析法是指将财务报表及有关资料中彼此相关联的项目加以比较，通过计算关联项目的比率，揭示企业财务状况、经营成果和现金流量情况，确定经济活动变动程度的一种分析方法。

1.偿债能力比率指标分析

　　偿债能力是指企业用其资产偿还长期债务与短期债务的能力。企业偿债能力的大小，是衡量企业财务状况好坏的标志之一，是衡量企业运转是否正常，是否能吸引外来资金的重要方法。对于投资者来说，公司的偿债能力指标是判定投资安全性的重要依据。

反映企业偿债能力的指标主要有两个:短期债务清偿能力比率和长期债务清偿能力比率。

(1)短期债务清偿能力比率。

任何一家企业要想维持正常的生产经营活动,手中必须持有足够的现金以支付各种费用和到期债务,而最能反映企业短期偿债能力的指标是流动比率和速动比率,其次是现金比率和流动资产构成比率。

①流动比率指全部流动资产和全部流动负债之比。

$$流动比率=流动资产/流动负债$$

流动比率较大,说明公司对短期债务的偿付能力较强。但过高的流动比率也并非好现象,因为流动比率越高,可能企业滞留在流动资产上的资金就越多,资金不能有效地加以利用,可能会影响企业的获利能力。

②速动比率是企业速动资产与流动负债的比率。

$$速动比率=速动资产/流动负债$$

所谓速动资产,指流动资产减去变现能力较差且不稳定的存货、待摊费用、待处理流动资产损失等后的余额,包括货币资金、短期投资和应收账款等。由于剔除了存货等变现能力较弱的不稳定资产,因此,速动比率较之流动比率,能够更加准确、可靠地评价企业资产的流动性及其偿还短期负债的能力。速动比率是对流动比率的补充。

③现金比率指现金以及现金等价资产总量与当前流动负债的比率,用来衡量公司资产的流动性。

$$现金比率=(现金+现金等价资产)/流动负债$$

它反映了企业的直接支付能力。该比率越高,说明企业偿债能力越强,但过高的现金比率意味着资源未能合理利用,一般认为现金比率为20%以上较好。

④流动资产构成比率是计算资产负债表上每一项流动资产在流动资产总额中的比率。其作用在于了解每项流动资产所占用的投资额和弥补流动比率的不足,达到检测流动资产构成内容的目的。

$$流动资产构成比率=每一项流动资产额/流动资产总额$$

(2)长期债务清偿能力比率。

长期偿债能力是指企业偿还长期负债的能力。企业的长期负债主要包括长期借款、应付长期债券、长期应付款等偿还期在一年以上的债务。

对于企业的长期债权人和投资者来说,不仅关注企业的短期债务偿还能力,更关心长期债务的偿还能力。

分析和评价企业长期偿债能力的指标有:资产负债率、股东权益比率、负债股权比率(产权比率)和利息保障倍数(获利倍数)。

①资产负债率为企业负债总额与资产总额的比率,也称负债率。它反映企业的资产总额中有多少是通过举债获得的资产。

$$资产负债率＝(负债总额/资产总额)×100\%$$

资产负债比率越大,企业面临的财务风险越大,获取利润的能力也越强。资产负债率在60％～70％比较合理、稳健,达到85％及以上时,应视为发出预警信号,企业应引起足够的注意。若等于或大于100％,说明企业资不抵债,债权人为维护自己的利益可以向法院申请企业破产。

②股东权益比率是股东权益占企业资产总额的比例,该指标反映企业资产总额中有多少是所有者投入的资金。

$$股东权益比率＝所有者权益总额/资产总额$$

股东权益比率应当适中。如果权益比率过小,表明企业过度负债,容易削弱公司抵御外部冲击的能力。而权益比率过大,意味着企业没有积极地利用财务杠杆作用来扩大经营规模。

③负债股权比率是负债总额与股东权益总额的比率,也称产权比率。

$$负债股权比率(产权比率)＝负债总额/股东(所有者)权益总额(资产－负债)$$

从计算关系可以看出,这个比率实际上反映了债权人所提供的资金与股东所投入资金的对比关系。因此,它可以揭示企业的财务风险及股东权益对偿还债务的保障程度。该比率越高,说明企业偿还长期债务的能力越弱;该比率越低,说明企业偿还长期债务的能力越强。

④利息保障倍数也称获利倍数,是指企业息税前利润(所得税前利润＋利息费用)与利息费用的比率。

$$利息保障倍数＝(税前利润＋利息费用)/利息费用$$

其中,税前利润是指扣除所得税之前的利润总额,利息费用包括财务费用中的利息费用和已计入固定资产价值中的资本化利息。

利息保障倍数反映了企业用经营所得支付债务利息的能力。如果这个指标太低,说明企业难以保证用经营所得来按期足额支付债务利息,债权人和投资者将加大对企业财务风险的评估。一般情况下,企业的利息保障倍数(获利倍数)至少要大于1,否则,企业将难以生存与发展,甚至破产。

2.营运能力比率指标分析

营运能力是指企业的经营运行能力,即企业运用各项资产以赚取利润的能力。营运能力分析是指通过计算企业资金周转的有关指标来分析其资产利用的效率。企业生产经营资金周转速度越快,表明企业资金利用效果越好、效率越高,管理人员的经营能力越强。企业营运能力的财务分析比率有:应收账款周转率、存货周转率、流动资产周转率、总资产周转率和固定资产周转率。

(1)应收账款周转率。

应收账款周转率是反映应收账款周转速度的比率。

$$应收账款周转率＝赊销收入/平均应收账款$$

其中,平均应收账款＝(期初应收账款＋期末应收账款)/2,赊销收入一般指主营业务收入。

该比率反映一个企业应收账款的周转速度,表明公司收账效率。其数值越大,说明企业资金运用和管理效率越高。反之,说明企业营运资金过多留滞在应收账款上,影响正常资金周转及偿债能力。

(2)存货周转率。

存货周转率是反映存货周转速度的比率。它是衡量和评价企业购入存货、投入生产和销售收回等各环节管理状况的综合性指标。

$$存货周转率＝销货成本/平均存货$$

其中,平均存货＝(期初存货金额＋期末存货金额)/2

存货周转率越高说明存货周转越快,公司控制存货的能力越强,销售能力越强,存货成本越低,经营效率越高。

(3)流动资产周转率。

流动资产周转率是销售净额与平均流动资产总额的比率,反映企业流动资产的利用效率。

$$流动资产周转率＝销售收入/平均流动资产$$

其中,平均流动资产＝(期初流动资产＋期末流动资产)/2

一般情况下,该指标越高,表明企业流动资产周转速度越快,流动资产的利用效果越好。

(4)总资产周转率。

总资产周转率是销售净额与平均资产总额的比率,反映企业全部资产的使用效率。一般情况下,该数值越高,表明企业总资产周转速度越快,销售能力越强,资产利用效率越高。

$$总资产周转率＝销售收入/平均总资产$$

其中,平均总资产＝(期初总资产＋期末总资产)/2

(5)固定资产周转率。

固定资产周转率也称固定资产利用率,是企业销售收入与平均固定资产净值的比率。它用来检测企业固定资产的利用效率,数值越大,说明固定资产周转速度越快,固定资产闲置越少。

$$固定资产周转率＝销售收入/平均固定资产净值$$

其中,平均固定资产净值＝(期初净值＋期末净值)/2

该比率越高,说明企业固定资产的利用率越高,管理水平越好。如果固定资产周转率与同行业平均水平相比偏低,则说明企业对固定资产的利用率较低,可能会影响企业的获利能力。

3.盈利能力比率指标分析

盈利能力是指企业赚取利润的能力。盈利能力分析就是要分析企业当期或未来获利能力的大小。获利能力分析主要运用以下财务比率指标。

(1)资产报酬率。

资产报酬率也叫投资盈利率或资产净利率,是指企业净利润与资产平均总额的比率。

$$资产报酬率=净利润/资产平均总额×100\%$$

其中,资产平均总额=(期初资产总额+期末资产总额)/2

资产净利润率越高,说明企业全部资产的获利能力越强。

(2)股东权益报酬率。

股东权益报酬率又称净资产报酬率或净值报酬率,是净利润与平均股东权益(所有者权益)的比率。

$$股东权益报酬率=净利润/平均股东权益×100\%$$

其中,平均股东权益=(期初股东权益+期末股东权益)/2

股东权益报酬率反映股东权益的收益水平,该指标越高,说明投资给股东带来的收益越高。

(3)销售毛利率。

销售毛利率是毛利占销售收入的百分比,也简称毛利率,其中毛利是销售收入与销售成本的差。

$$销售毛利率=销售毛利(销售收入-销售成本)/销售收入×100\%$$

销售毛利率是企业销售净利率的最初基础,没有足够大的销售毛利率便不能形成盈利。企业可以按期分析销售毛利率,据此对企业销售收入、销售成本的发生及配比情况作出判断。

(4)销售净利润率。

销售净利润率是企业净利润与销售收入净额的比率。

$$销售净利润率=净利润/销售收入净额×100\%$$

其中,净利润=利润总额-所得税额。销售净利润率是反映企业获利能力的一项重要指标。这项指标越高,说明企业从销售收入中获取利润的能力越强。

(5)成本费用净利率。

成本费用净利率是指企业利润总额与成本费用总额(主营业务成本+营业

费用＋管理费用＋财务费用）的比率。它是反映企业生产经营过程中发生的耗费与获得的收益之间关系的指标。

$$成本费用净利率＝净利润/成本费用总额×100\%$$

这是一个能直接反映增收节支、增产节约效益的指标，比率越高，表明企业所取得的收益越高。企业生产销售的增加和费用开支的节约，都能使这一比率提高。

4.成长性比率指标分析

成长性比率指标分析是对上市公司进行分析的一个重要方法。成长性比率是财务比率分析法中的重要比率之一。它一般反映公司的扩展经营能力，同偿债能力比率有密切联系，在一定意义上也可用来测量公司的扩展经营能力，它包括利润留存率和再投资率两项。

（1）利润留存率。

利润留存率指公司税后盈利减去应发现金股利的差额和税后盈利的比率。它表明公司的税后利润有多少用于发放股利，多少用于保留盈余和扩展经营。利润留存率越高，表明公司的发展越好。

$$利润留存率＝（税后利润－应发股利）/税后利润×100\%$$

（2）再投资率。

再投资率又称内部成长性比率，它表明公司用其盈余所得再投资，以支持本公司成长的能力。再投资率越高，公司扩大经营的能力越强，反之则越弱。

$$再投资率＝资本报酬率×股东盈利率$$

（二）财务报表趋势分析法

财务报表趋势分析法是根据企业连续几年的财务报表，比较有关项目的数据，以求出其金额和百分比增减变化的方向和幅度，并通过进一步分析，预测企业的财务状况和经营成果的变动趋势，这是财务报表分析中一种比较重要的分析方法。

趋势分析法的主要目的：了解引起变动的主要项目、判断变动趋势的性质是有利或不利、预测未来的发展趋势。趋势分析方法主要有比较分析法、比较百分比法和图解法。

1.比较分析法

比较分析法是财务报表分析的基本方法之一，它是通过某项财务指标与性质相同的指标评价标准进行对比，揭示企业财务状况、经营情况和现金流量情况的一种分析方法。比较分析法是最基本的分析方法，在财务报表分析中应用很广。

比较分析法按其比较基数不同,有实际与计划比较、不同时期比较、同类企业间比较等形式。将财务指标实际数据与计划数据比较,能够检查财务指标的计划完成情况;将不同时期的指标数据比较,能够考查财务指标的变动趋势。

按比较数据不同,比较分析法有绝对数比较和相对数比较两种类型。绝对数比较是利用财务报表中两个或两个以上的绝对数进行比较,以揭示其数量差异;相对数比较是利用财务报表中有相关关系的数据的相对数进行对比,如将绝对数换算到百分比、结构比重、比率等进行对比,以揭示相对数之间的差异。

应用比较分析法对同一性质指标进行数量比较时,要注意所用指标的可比性,必须在指标内容、计算口径和计价基础等方面一致。

2.比较百分比法

比较百分比法是将数据用百分比的方式表示,借此判断事物的发展趋势。

3.图解法

图解法是指将企业几个连续会计期间的财务数据或财务指标绘制成图表,并根据直观的图形发展趋势来判断企业的经营状况及盈利能力,能够使分析者发现一些在报表中不易发现的财务关系或现象。

(三)财务报表综合分析法

单独分析任何一项或一类财务指标,都难以全面评价所分析企业的财务状况和经营成果。为此,需要对财务报表进行综合分析。

1.财务报表综合分析法概述

只有对各种财务指标进行综合的分析,才能对企业的财务状况作出合理的判断。综合分析法主要包括财务比率综合分析法和杜邦分析法。

(1)财务比率综合分析法。

财务比率综合分析法可以反映企业财务报表中各个项目之间的对比关系,从而揭示企业的财务状况。但是,一项财务比率只能反映企业某一方面的财务状况。为了能够对财务报表进行综合的财务分析,财务人员可以编制各种比率表来对企业的财务状况进行评估。

(2)杜邦分析法。

杜邦分析法是利用几种主要的财务比率之间的关系来综合地分析企业的财务状况。具体来说,它是一种用来评价公司盈利能力和股东权益回报水平,即从财务角度来评价企业绩效的一种方法。其基本思想是将企业净资产收益率逐级分解为多项财务比率乘积,这样有助于深入分析比较企业经营业绩。由于这种分析方法最早由美国杜邦公司使用,故名杜邦分析法。

2.使用财务比率综合分析法进行财力分析

要利用财务比率综合分析法分析财务信息,首先要建立财务比率分析表格,这就需要财务人员正确把握企业各项财务比率的重要性系数和标准值。财务比率综合分析法的步骤如下。

(1)选定评价企业财务状况的比率指标。通常应选择能够说明问题的重要指标。

(2)根据各项比率的重要程度,确立其重要性系数。各项比率指标的重要性系数之和应等于1或100%。重要性程度的判断,可根据企业的经营状况、管理要求、发展趋势及分析的目的等具体情况而定。

(3)确定各项比率的财务比率标准值和实际值。

(4)计算关系比率。关系比率即各项实际值与标准值的比率。

(5)计算综合系数。这一综合系数可作为综合评价企业财务状况的依据。通常,综合系数合计数如为1(100%)或接近1(100%),则表明该企业财务状况基本符合标准要求;如与1(100%)有较大差距,则表明企业财务状况不佳。

财务比率综合分析法能否有效使用,关键在于财务人员是否拥有准确的判断。

3.使用杜邦分析法进行财力分析

杜邦分析法以净利润为基础,对净资产收益率指标进行层层分解,以分别反映企业的获利能力、营运能力和资本结构对企业净资产利润率的影响。

杜邦公式=净利润/净资产=销售利润率×资产周转率×权益乘数

销售利润率=利润总额/销售收入 (盈利能力)

资产周转率=销售收入/总资产 (营运能力)

权益乘数=总资产/总权益资本 (偿债能力)

杜邦分析法的关键是建立杜邦系统图,它由一些分析框和连接线组成。

二、关键指标计算

(1)销售利润率:营业利润/销售额=

(在销售款中有多少比率是营业利润,销售利润率能大体显示出产品的成本和售价的水平。)

————————————————

————————————————

————————————————

（2）资产周转率:销售额/总资产＝

（显示资产利用的效率,每年周转的频率,该值越高,企业运营所需的资本越少。）

_____

_____

（3）毛利率:毛利/销售额＝

（显示客户的支付与产品成本间的关系。）

_____

_____

（4）负债与股东权益的比率:负债/股东权益＝

（过分依赖外部资本对公司运营不利,如果利润率下降,银行会考虑以后是否批准公司的贷款。）

_____

_____

（5）现金流:(净利润＋折旧)/现金流＝

（对公司经营活动的自由度起重要作用,现金的收入与支出是否平衡?）

_____

_____

（6）流动性:速动资产/短期负债＝

（即使拥有正向的现金流,但如果不能负担短期债务,经营将面临困境。）

_____

_____

（7）市场份额:销售额/理论上的市场总需求＝

（某个产品在某个市场是否为"老大",关系到你选订单的先后顺序。）

_____

_____

_____

(8)资产回报率:支付利息前利润/总资产=

(在企业周转资金上的获利能力。)

_____

_____

_____

(9)股东权益回报率:净利润/股东权益=

(股东想知道自己投资的回报。)

_____

_____

_____

三、杜邦模型

杜邦模型如图 4-1 所示。

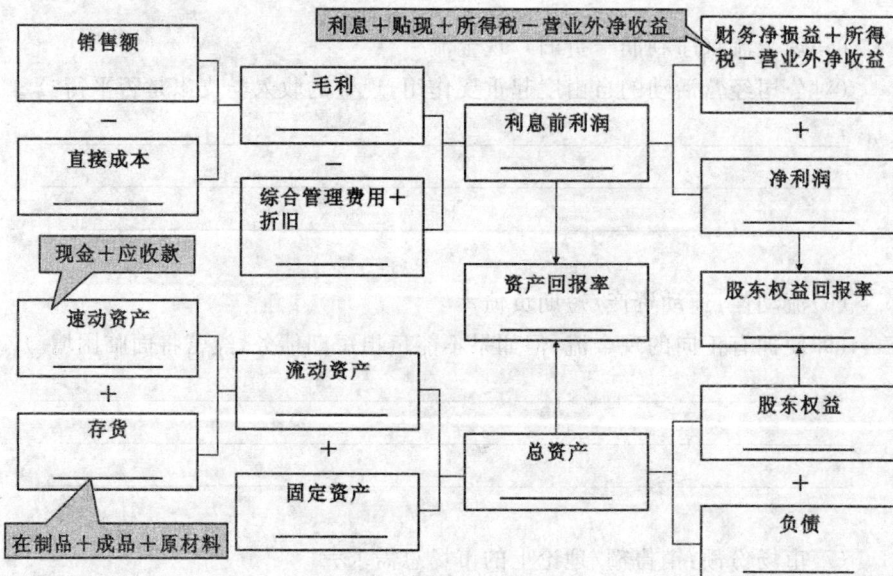

图 4-1 杜邦模型示意图

相关链接

杜邦模型是一项运用传统绩效管理工具来衡量、分析企业当前收益的管理工具，它所用到的传统财务工具有损益表和资产负债表。

杜邦模型起源：杜邦模型的发明人 F Donaldson Brown，是一名电气工程师，他于 1914 年加入化工巨人——杜邦公司的财务部门。此后不久，杜邦购买了通用汽车公司(GM)23％的股票。在这笔交易中，Brown 的任务是负责重新梳理 GM 内部复杂的财务，这或许是美国历史上第一次大规模的企业重构行动。根据 GM 前主席 Alfred Sloan 的说法，Brown 的规划、关系系统上马之后，GM 的信誉及声望大幅回升。继而，美国各主要大公司纷纷运用此法均获得成功，从而使得杜邦模型声名鹊起。直到 1970 年代，杜邦模型在财务分析领域一直保持着主导地位。

杜邦模型的原理：如果把净资产收益率、销售利润率视为盈利指标，周转率视为流动性指标，杠杆比率视为安全性指标的话，那么，以上"三性"之间是存在一定的内在联系的。杜邦公式把股本回报率拆分为三项要素：

$$股本回报率(ROE)=\frac{净利润}{净资产}=\frac{净利润}{销售额}\times\frac{销售额}{总资产}\times\frac{总资产}{净资产(盈利性、资产效率、杠杆水平)}$$

杜邦模型的计算公式：资产收益率＝纯利润率×总资产周转率

$$=\frac{税后净营运利润}{销售额}\times\frac{销售额}{平均资产净值}$$

杜邦模型的运用：

(1)这一模型可以用在采购部门或销售部门，来检验、显示资产回报率是如何实现的。对不同公司的绩效进行比较。

(2)分析一段时间以来的财务变化。

(3)使员工产生一个基本的认识——他们的生产工作是如何影响企业绩效结果的。

(4)显示专业化采购活动对企业的影响。

杜邦模型的优势：简洁明了；非常有用的工具，让人们看到自己的行为活动对整体结果的影响；能够很方便地与企业薪酬制度挂钩；能够使管理层意识到并信服专业化的采购、销售活动必须采取哪些方法步骤。这也就告诉一些公司，有时候先仔细检阅自身要比忙不迭地兼并其他公司好得多，尽管有可能因为兼并后提高了营业额、产生了协同优势，也能弥补企业利润的不足。

杜邦模型的局限:以财务账目为依据,而它们基本上是不可靠的;没有包括资本成本;如果输入的数据不正确,输出的结果也肯定不正确,即所谓的"Garbage in,garbage out"(垃圾进,垃圾出)。

讨论关于你的公司的杜邦模型。

提高资产回报率的方法:

_____

_____

提高股东权益回报率的方法:

_____

_____

_____

四、经济附加值(EVA)

相关链接

EVA(economic value added)是"经济附加值"的英文缩写,是指从税后净营业利润中扣除包括股权和债务的全部投入资本成本后的所得。其核心是资本投入是有成本的,企业的盈利只有高于其资本成本(包括股权成本和债务成本)时才会为股东创造价值。公司每年创造的经济增加值等于税后净营业利润与全部资本成本之间的差额。其中资本成本包括债务资本的成本,也包括股本资本的成本。从算术角度来看,EVA 等于税后经营利润减去债务和股本成本,是所有成本被扣除后的剩余收入。EVA 是对真正"经济"利润的评价,或者说是表示净营运利润与投资者用同样资本投资其他风险相近的有价证券的最低回报相比,超出或低于后者的量值。EVA 是一种评价企业经营者有效使用资本和为股东创造价值能力,体现企业最终经营目标的经营业绩考核工具。

EVA 指标属于一种经营评价法,纯粹反映企业的经营情况,仅仅关注企业当期的经营情况,没有反映市场对整个公司未来经营收益预测的修正。在短期内的公司市值,会受到很多经营业绩以外因素的影响,包括宏观经济状况、行业状况、资本市场的资金供给状况和许多其他因素。在这种情况下,如果仅仅考虑 EVA 指标,有时候会有失偏颇。如果将股票价格评价与 EVA 指标结合起来,就会比较准确地反映公司经营业绩及其发展前景。首先,采用 EVA 指标后,对经营业绩的评价更能反映公司的实际经营情况,也就是股价更加能够反映公司的实际情况。其次,两者结合,能够有效地将经营评价和市场评价有机地结合起来,准确反映高层管理人员的经营业绩。

EVA 是计量一个企业的真实获利能力的一种方法。

$$EVA＝公司的净利润－总资本成本$$

总资本成本中应考虑:股东权益的成本,包括股息和股东的机会成本、公司应当支付的报偿至少和机会成本一样高。

EVA 提供了一种洞察力,考查总的资本成本,并与实际运作所占用的资本数量相联系,以此真正知道一个企业是否在创造价值。

EVA 的计算方法如下。

步骤 1:计算股东的期望,15％;

步骤 2:计算债务利率,10％;

步骤 3:计算确定资本的平均成本率;

股本:120M×15％＝18M

负债:80M×10％＝8M

总计:200M　　26M

成本率:26/200＝13％

步骤 4:计算已用资本,包括所使用的资产(200M),以及其他投资(如营销、产品研发、培训费用,共 20M),则 200M＋20M＝220M;

步骤 5:计算资本成本,13％×220M＝29M;

步骤 6:计算经济附加值,年净利润－资本成本＝38M－29M＝9M。

计算你的公司的 EVA 值。

_____

_____

_____

_____

_____

第五章　成本费用核算与分析

【学习重点】
➢ 成本费用核算的基本概念。
➢ 计算企业经营过程中产品成本。

【学习难点】
➢ 成本计算的几种方法。
➢ 如何制定策略，控制经营成本。

一、成本核算方法

相关链接

全部成本计算制度是指把所有与产品增值有关的成本都计入产品成本的一种成本计算制度。

全部成本计算制度把成本划分为生产成本（包括直接人工、直接材料与间接制造费）与非生产成本（包括管理、销售的变动费用和固定费用），其中生产成本全部列入产品成本，而非生产成本则全部列入损益表。

全部成本计算制度和变动成本计算制度的区别如下。

(1)适用对象不同：全部成本计算制度适用于财务会计，主要对外提供财务信息；变动成本计算制度适用于管理会计，主要对内提供决策信息。

(2)成本构成内容不同：在全部成本计算制度下，生产成本的构成项目包括直接材料、直接人工和全部制造费用；在变动成本计算制度下，生产成本的构成项目包括直接材料、直接人工和变动性制造费用。

两者的主要区别围绕固定性制造费用的处理上，即在全部成本计算制度下，固定性制造费用计入产品成本；在变动成本计算制度下，固定性制造费用不计入产品成本，而作为期间费用直接计入当期损益。

1. 全成本核算

全成本核算指一家公司的全部成本要在它出售的产品和服务之中进行分摊(图 5-1、图 5-2)。

全成本包括直接成本和间接成本。

全成本核算简介

➤ 直接成本：与特定的产品和服务相联系的成本，如与制造相关的工资、原材料。

➤ 间接成本：很难与产品和服务直接联系的费用，如公司管理费用，但也在产品中间分摊。

例：直接成本 24M/年，间接成本 48M/年。

成本加成＝48M/24M＝200％

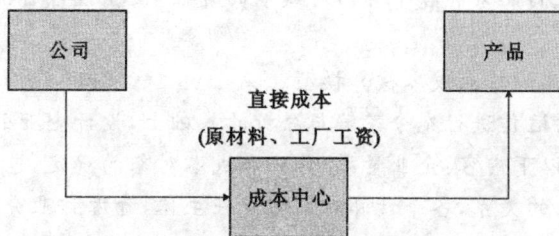

```
    ┌────────┐                    ┌────────┐
    │  公司  │                    │  产品  │
    └────────┘                    └────────┘
                  直接成本
              (原材料、工厂工资)
                ┌──────────┐
                │  成本中心 │
                └──────────┘
```

图 5-1　直接成本组成

	Beryl	Crystal
直接成本 4 批：	8	16
成本加成 (200%)	+16	+32
生产成本 4 批	=24	=48
销售额	24	48
生产成本	−24	−48
年收益	=0	=0

获利相同

图 5-2　全成本核算图解

2. ABC 成本法

ABC 成本法如图 5-3 所示。

🔲 **相关链接**

现代管理学将 ABC 成本法定义为"基于活动的成本管理"。ABC 成本法是根据事物的经济、技术等方面的主要特征，运用数理统计方法，进行统计、排列和分析，抓住主要矛盾，分清重点与一般，从而有区别地采取管理方式的一种定量管理方法。

ABC 成本法的实施一般包括以下几个步骤。

（1）设定作业成本法实施的目标、范围,组成实施小组。

作业成本的实施必须目标明确,即决策者如何利用作业成本计算提供的信息。实施范围是作业成本的实施部门,作业成本可以在全企业实施,也可以在独立核算的部门实施,作业成本的实施主体必须明确。为实施作业成本必须组建作业成本实施小组,小组由企业的领导牵头,包括企业的会计负责人以及相关的人员。国外作业成本实施时一般由企业内部的人员和外部的专业咨询人员组成专门实施小组,外部专业的咨询人员具有作业成本的实施经验,使得实施可以借鉴其他实施的成功与失败的经验。

（2）了解企业的运作流程,收集相关信息。

这一步的目的是详细了解企业的经营过程,理清企业的成本流动过程,分析导致成本发生的因素和各个部门对成本的责任,便于设计作业以及责任控制体系。

（3）建立企业的作业成本核算模型。

在对企业的运作进行充分了解与分析的基础上,设计企业的作业成本核算模型,主要确定以下内容:企业资源、作业和成本对象的确定,包括它们的分类,与各个组织层次的关系,各个计算对象的责任主体,资源作业分配的成本动因,资源到作业的分配关系、作业到作业产品的分配关系建立。

（4）选择、开发作业成本实施工具系统。

作业成本法能够提供比传统成本更丰富的信息,是建立在大量的计算上的。作业成本的实施离不开软件工具的支持,软件工具有助于完成复杂的核算任务,有助于对信息进行分析。作业成本软件系统提供了作业成本核算体系构造工具,可以帮助建立和管理作业成本核算体系,并完成作业成本核算。

（5）作业成本运行。

在建立作业成本核算体系的基础上,输入具体的数据,运行作业成本法。

（6）分析解释作业成本运行结果。

对作业成本的计算结果进行分析与解释,如成本偏高的原因、成本构成的变化等。

（7）采取行动。

针对成本核算反映的问题采取行动。如提高作业效率、考核组织和员工,改变作业的执行方式、消除无价值的作业等。

企业是一个变化的实体,在作业成本正常运行后,还需要对作业成本核算模型进行维护,以使其能够反映企业的发展变化。伴随企业的运行,作业成本的运行、解释和行动是一个循环的过程。

	Beryl	Crystal
直接成本4批:	8	16
折旧(当年)	3	3
工厂租金(4M/年)	2	1
行政管理费用	2	1
营销和销售费用	6	5
资本成本(20%)	10	15
ABC成本4批	=31	=41
销售额	24	48
ABC成本	−31	−41
年收益	=−7	=7

将厂房租金分摊到产品上

将行政管理费用分摊到产品上

该产品当年在广告上的投入

在制品、存货和应收款的成本

获利不同

图 5-3　ABC 成本法图解

二、成本费用分析

成本费用分析是指根据有关资料全面了解、分析企业成本费用的变动情况,系统研究影响成本费用升降的各种因素及其形成原因,从而寻找降低成本费用可以采取的措施和途径。成本费用分析的基本方法是比较法,分析的具体内容应根据企业面临的实际情况来确定。

1.年末总生产成本结构分析

生产成本是指企业为生产一定种类和数量的产品所产生的费用,包括直接材料费用、直接人工费用和制造费用等的总和。在实际工作中,生产部门应按月对构成生产成本的要素进行核算,到了年末还应对本年内构成生产成本的各要素进行统计,并计算各自所占的比例,即结构分析。经常使用饼图来进行成本费用结构分析(图 5-4)。

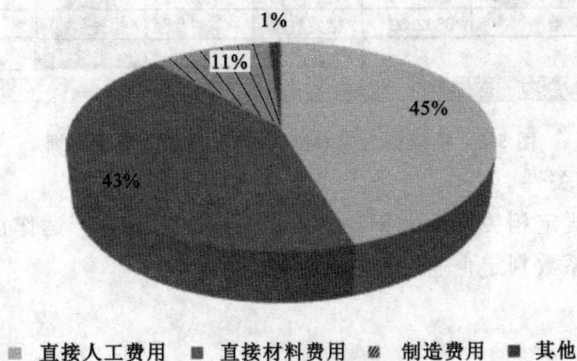

■ 直接人工费用　■ 直接材料费用　▨ 制造费用　■ 其他

图 5-4　总生产成本结构图

要对年末总生产成本进行结构分析,首先要创建总成本费用分析表格,并在表格中输入各项已知数据,然后计算本期合计、期末、期初数及各要素所占比例(图5-5)。

项目	1月	2月	3月	4月	5月	6月	7月	8月	9月	10月	11月	12月	合计
期初数	6800.00												
直接材料	2260.00	3100.00	7400.00	4100.00	1650.00	1590.00	2480.00	4580.00	8500.00	6150.00	4580.00	4700.00	
直接人工	3600.00	6800.00	6700.00	3145.00	2540.00	2465.00	2960.00	2750.00	6120.00	3780.00	2840.00	2860.00	
制造费用	1256.00	1940.00	1600.00	589.50	201.40	215.40	155.00	1390.00	1050.00	1720.00	650.00	810.00	
其他	0.00	300.00	400.00			190.00					250.00		
合计													
本期转出	12500.00	11000.00	14900.00	7650.00	5370.00	6805.00	5645.00	8900.00	12500.00	11500.00	8900.00	9100.00	
期末数													
直接材料比例													
直接人工比例													
制造费用比例													
其他比例													
合计													

图5-5　模拟企业年末生产总成本明细

2. 成本投入、产出与结余相关性分析

企业通过对某一个会计期间内成本的投入、本期间的产出和本期期末的结余进行分析,计算出平均数、标准差以及相关系数等指标,通过这些指标可以分析在该期间内的生产经营状况是否正常。下面对"年末总生产成本统计"表进行成本投入、产出与结余分析,以查看其会计期间内的经营状况。

(1)创建分析表(图5-6)并进行计算。

成本的投入、产出与结余分析

投入成本		本期转出		期末数	
总投入成本	108167.30	平均数	9564.17	平均数	1700.13
平均投入成本	9013.94	标准差	2967.15	标准差	1319.58
标准差	3682.89	相关系数	0.86	相关系数	0.38
		结论		结论	

图5-6　模拟企业成本投入、产出与结余分析明细

(2)判定相关性。

假设企业规定相关系数大于0.5表示该期间内的生产运作正常,下面根据计算出的相关系数判定企业运作是否正常(图5-7)。

	投入成本		本期转出		期末数	
总投入成本	108167.30	平均数	9564.17	平均数	1700.13
平均投入成本	9013.94	标准差	2967.15	标准差	1319.58
标准差	3682.89	相关系数	0.86	相关系数	0.38
		结论	正常	结论	异常

成本的投入、产出与结余分析

总生产成本统计 | 成本投入、产出与结余分析 | Sheet3

图 5-7　模拟企业成本投入、产出与结余分析结论

3.同类子产品总生产成本对比分析

将企业的同类子产品进行对比,可以确定哪一种产品耗费的成本更小,然后将它们的销售收入进行比较,就可以知道生产哪一种产品创造的利润更大。已知某企业生产 5 种产品,它们的直接材料费用、直接人工费用、制造费用和其他费用如图 5-8 所示。下面将对这 5 种产品的各项成本及总成本进行计算,并为其创建柱形图(图 5-9)和饼图(图 5-10),以方便比较和查看。

同类子产品成本比较

项目	期初数	直接材料	直接人工	制造费用	其他费用	合计
A产品	1200.00	3796.33	981.92	378.97	331.89	6689.11
B产品	2500.00	4145.06	875.54	397.18	301.73	8219.51
C产品	2700.00	2526.80	569.15	265.38	171.37	6232.70
D产品	1900.00	1335.02	428.51	175.73	92.58	3931.84
E产品	4300.00	971.27	366.38	151.79	57.36	5846.80
F产品	1500.00	839.39	315.32	139.83	38.60	2833.14

成本投入、产出与结余分析 | 同类子产品成本比较

图 5-8　模拟企业同类子产品成本比较

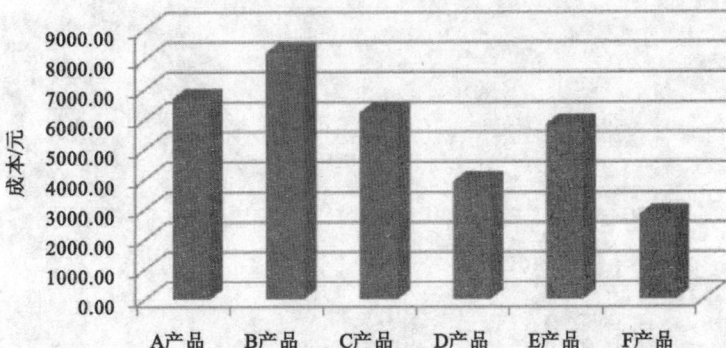

图 5-9　同类子产品成本比较

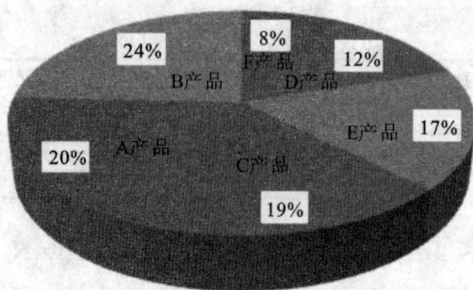

图 5-10 各子产品成本占总成本的比例

4.总成本及子产品明细成本分析

在实际工作中,应在一个图表中既反映某子产品的生产成本占总成本的比例,又反映构成该子产品生产成本的明细项目情况。例如,要在饼图中显示各子产品成本占总成本的比例的同时显示 B 产品的成本明细项目,可以使用 Excel中的复合饼图来实现(图 5-11)。

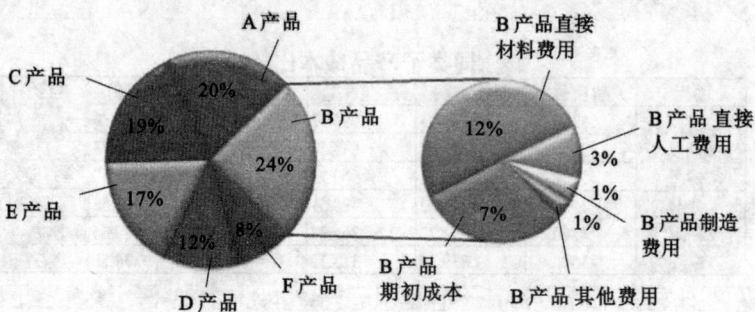

图 5-11 案例产品成本复合饼图

第六章 成功的管理——企业资源计划 ERP

【学习重点】
➢ ERP 的原理和概念。
➢ ERP 的发展历程。
➢ ERP 对企业的效益。

【学习难点】
➢ 使用易飞 ERP 系统对数据进行录入。
➢ 利用易飞 ERP 系统对企业业务流程进行计划和控制。

相关链接

作为成功企业背后的管理大师,SAP 公司是全球最大的企业 ERP 系统和商务智能解决方案的供应商。在全世界超过 120 多个国家拥有超过 11 万家 ERP 系统客户。ERP 系统通过提供广泛的业务管理解决方案帮助各种规模、行业的企业更卓越地运营。

SAP Business Objects 商务智能解决方案提供全面的商务智能功能,给予用户根据明确的数据和分析结果来制订有效且明智决策的能力。从高端分析师到普通业务用户的所有用户都可访问他们所需的信息,尽可能不依赖 IT 资源和开发人员。

SAP Business Objects Information Management 提供全面的信息管理功能,有助于及时、准确地提供整合的企业数据,其中既包括结构化数据,也包括非结构化数据。这些强大的解决方案可帮助用户为业务交易处理、商务智能、数据仓库、数据迁移和主数据管理等关键行动计划提供可用的数据。

SAP ERP 是 SAP Business Suite 的五大套件之一,也是 SAP 占据市场最为强大的核心套件。其为企业提供了一个良好的基础平台,帮助企业参与必要的竞争,赢得全球市场。SAP ERP 应用软件支持企业的业务流程和运营效率的基本职能,并专门针对企业的行业特定需求。

一、ERP 信息系统的发展历程

自从计算机发明以后,企业就利用计算机快速准确的数据处理能力及信息分享的特质,来协助企业进行日常的行政营运管理,以降低企业的营运成本(例如,降低数据处理的人工成本)、缩短流程时间。实时的信息可以分享至企业的不同组织结构(例如,原材料的库存数量不再是仓储部门的专有信息,任何一个需要原材料库存量的部门人员,如业务人员、厂务人员及采购人员都可经过信息系统的授权,查询仓库原物料的存货数量。)

ERP 系统起源于制造业的信息计划和管理。ERP 系统从 20 世纪 60 年代发展到今天,经历了不同的阶段,根据时间的先后,一般简单地分成五个阶段。这五个阶段虽然名字和内容各有不同,但并不是后面的系统取代了前一个,而是后面每一个系统都是对前面系统的扩充和进一步发展。以下就以这五个阶段进行简单的说明,让大家更加了解 ERP 系统发展的演进历程。图 6-1 为 ERP 系统发展的演进历程。

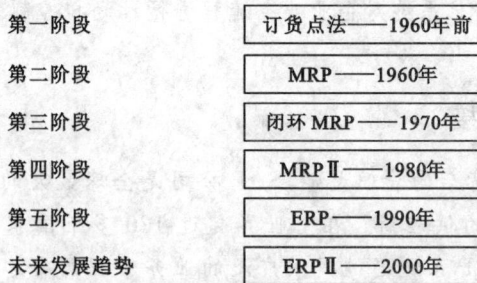

第一阶段	订货点法——1960年前
第二阶段	MRP——1960年
第三阶段	闭环 MRP——1970年
第四阶段	MRPⅡ——1980年
第五阶段	ERP——1990年
未来发展趋势	ERPⅡ——2000年

图 6-1　ERP 系统发展的演进历程示意图

1.经济批量的订货点法

在 20 世纪 60 年代前,企业生产能力较低,制造资源矛盾的焦点是供与需的矛盾,计划管理问题局限于确定库存水平和选择补充库存策略的方面。人们尝试用各种方法确定采购的批量和安全库存的数量,经济批量的订货点法成为最初的科学计划理论,如图 6-2 所示。

订货点＝单位时段的需求量×订货提前期＋安全库存量

注意这个时候采购和库存与生产是没有建立直接联系的。

订货点法应用的条件主要有:物料的消耗相对稳定,物料的供应比较稳定,物料的需求是独立的,物料的价格不是太高。

订货点法的有效性取决于大规模生产环境下物料需求的连续稳定性,适用于成品或维修配件等相对独立的物料的库存管理。但由于顾客需求不断变化,

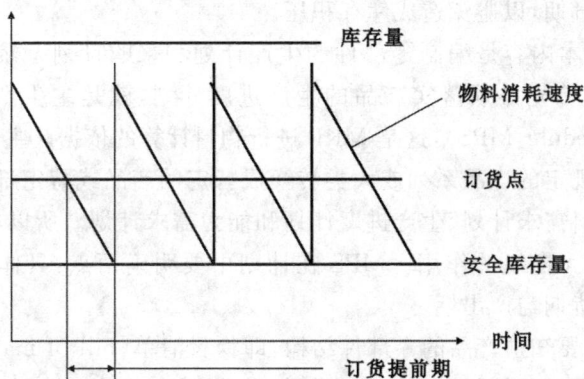

图 6-2　订货点法示意图

产品以及相关原材料的需求在数量上和时间上往往是不稳定和间歇性的,这使得该方法的应用效果大打折扣。特别是在离散制造行业(如汽车、机电设备等行业),由于产品结构复杂,涉及数以千计的零部件和原材料,生产和库存管理的问题更加复杂,由此促进了物料需求计划(MRP)的诞生。

2.物料需求计划(MRP)

(1)物料需求计划(MRP)的发展。

20 世纪 60 年代初,多品种小批量生产被认为是最重要的生产模式,生产中多余的消耗和资源分配的不合理首先大多表现在物料的多余库存上。为了解决其原材料库存和零组件投产计划问题,美国 IBM 公司奥列基博士(Dr. Joseph A Orlicky)首先提出了以相关需求原则、最少投入和关键路径为基础的"物料需求计划"原理,简称 MRP(material requirement planning)。

MRP 将企业生产中涉及的所有产品、零部件、原材料、中间件等,在逻辑上统一视为物料。根据需求来源的不同,企业内部的物料可分为独立需求和相关需求两种。独立需求是指需求量和需求时间由企业外部的需求决定,例如,客户订购的产品、研发试产的样品、售后维修的备品配件等;相关需求是指根据物料之间的结构组成关系由独立需求的物料所产生的需求,例如,半成品、零部件、原材料等的需求。

早期的 MRP 是基于物料库存计划管理的生产管理系统,为实现准时生产、减少库存提供了基本方法:将企业产品中的各种物料需求分为独立物料和相关物料,并按时间段确定不同时期的物料需求;基于产品结构的物料需求组织生产,根据产品完工日期和产品结构制订生产计划,从而解决库存物料订货与组织生产问题。MRP 系统的目标是围绕所要生产的产品,在正确的时间、地点,按照规定的数量得到真正需要的物料;通过按照各种物料真正需要的时间来确定订货与生产日期,以避免造成库存积压。

MRP 的基本内容是编制零部件的生产计划和采购计划。然而,要正确编制零部件计划,首先必须落实产品的生产进度计划,就是主生产计划(master production schedule,MPS),这是 MRP 进行物料计算的依据。主生产计划是将生产计划大纲规定的产品系列或大类转换成特定的产品或特定部件的计划,据此可以制订物料需求计划、生产进度计划和能力需求计划。所以主生产计划在 MRP 中起到交叉枢纽的作用。MPS 在计划中要明确两点:具体化后的"最终产品",产品交货期与产出期。

MRP 还需要知道产品的零部件结构,即物料清单(bill of material,BOM),即每个产品需要何种原料以及需要原料的数量,才能把主生产计划展开成需求零件计划;同时,必须知道库存数量才能准确计算出零件的采购数量。MRP 计算的依据是主生产计划(MPS)、物料清单(BOM)和库存信息,它们之间的逻辑流程关系如图 6-3 所示。

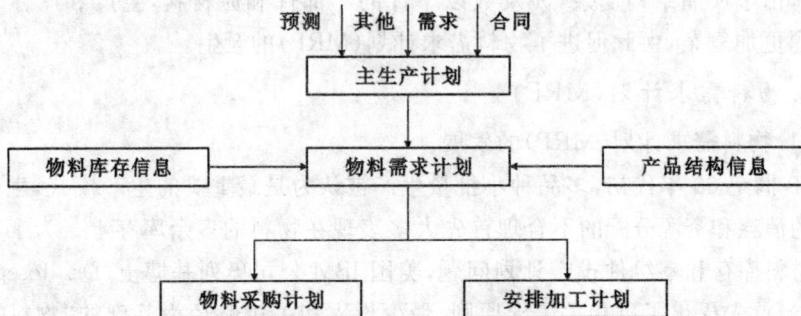

图 6-3　MRP 计算关系示意图

因此 MRP 的基本任务是:从所需求产品的生产计划(独立需求)导出相关物料(原材料、零部件等)的需求量和需求时间(相关需求);根据物料的需求时间和生产(订货)周期来确定其开始生产(订货)的时间。主生产计划、物料清单和库存信息是 MRP 的三项基本输入数据,它们都是手工管理中不曾用到的新概念。其中,主生产计划决定 MRP 的必要性和可行性,另外两项是计算需求数量和时间的基本数据,它们的准确性直接影响 MRP 的运算结果。MRP 与订货点法的区别如表 6-1 所示。

表6-1　　　　　　　　　　　MRP与订货点法的区别

方法	消耗	依据	相关需求	库存	供给	优先级
订货点法	均衡	历史资料	不考虑	有余	定时	不考虑
MRP	不均衡	产品结构展开	考虑	减少	按需	考虑

MRP相比订货点法有了质的进步,但还只是一个库存订货的计划方法,只说明了需求的优先顺序,没有说明是否有可能实现,所以也叫基本MRP。20世纪70年代初,MRP由传统式发展为闭环式,它是一个结构完整的生产资源计划及执行控制系统。

(2)体现MRP思想的案例。

MRP物料需求计划的理论基础,就是以生产产品的物料清单及生产与采购的前置时间,以及原材料的采购及生产为基本要件,来规划何时采购、何时生产、采购多少量、生产多少量。

当产品的用料品种众多时,这些规划及计算是非常耗时的,而且容易出错。MRP的理论推算基础应运而生,以下举两个简单的例子来说明物料需求的概念。

【案例一】

假设产品BOM和工作与休息时间表如图6-4和表6-2所示。

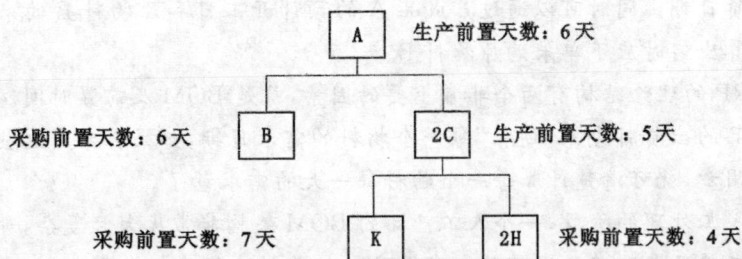

图6-4　产品BOM结构图

表6-2　　　　　　　　　　　工作与休息时间表

日	一	二	三	四	五	六
	1	2	3	4	5	6
7	8	9	10	11	12	13
14	15	16	17	18	19	20
21	22	23	24	25	26	27
28	29	30				

A为"产成品",也就是业务销售的商品,它是由1个采购件B和2个半成品C所组合而成的。组合需要的时间为完整的六个工作日。

假设1号为星期一,星期六、星期日休假,产品A于本周星期一领料生产,需要完整的六个工作日,表示需要星期二、星期三、星期四、星期五,以及第二周的星期一、星期二。到第二周的星期二即9号才会完工(1号备料,2、3、4、5、8、9号动工,6号与7号为假日)。这就是A的组装"生产前置时间",所以10号可以交货。

C为"半成品",1个半成品C是由1个K原料(采购件)与2个H原料(采购件)所组合制造而成的。生产一个C的时间需要五个工作日。

B、H、K为"采购件",为了生产成品或半成品需要从外购买的原物料。其中从采购到进货的时间为"采购前置时间"。

【任务重点】

MRP的理论结构,是以"订单"的出货时间作为最后出产的时间,并往前推算,累加成品A的生产前置时间,就是A生产工单开工领料、投料及预计完工时间。

以产成品A的生产前置时间,加上半成品C的生产前置时间,就是C的投料日期,据此就能算出C的生产工单的"预计开工日"及"预计完工日"。已知C的"预计开工日"后就可以计算出何时应该下单采购原物料K及H,以及对应的预计进货日期。同时可以通过产成品A的预计开工日和原物料B的采购前置时间推算出何时应下单采购原物料B。

MRP的理论结构有两个非常重要的因素,就是BOM及前置时间。通过最终产成品的出货日期来"逆推"每一个物料的需求日期,如果再考虑这些物料的库存可用量,就可清楚计算每一个物料每一天的需求量了。

在人工处理的阶段,一个人工产品的BOM架构非常庞大且复杂,那么要产出生产工单及采购单的数量就会有很多。如果制造程序相当复杂(如半成品很多),而且生产的前置时间又容易受车间制造管理因素所影响,所规划出来的生产排程及采购单的信息就必须不断地调整,人工处理的流程容易陷入一片混乱。由于生产排程的不确定,原料进货也必须不断地调整,采购人员陷入催料环节中,而制造车间因用料的问题也将陷入不断调整生产排程以应付供料问题,这是一个永远无解的循环。靠人工纸上作业永远赶不上订单或者生产变动的速度,更何况还有众多的信息计算和推算。

当MRP信息系统发展出来后,透过信息系统快速及精确运算的特征,这个问题被有效地解决了。在15世纪前,企业要跑完一个完整的MRP数据可能需要10小时,但现在跑一次MRP作业,大部分能在1小时内完成。同时由于

MRP 的帮助,可以清楚每一个物料在每一天的需求及供给数量。当发生变动时,可以协助规划人员进行事先的检验与调整。

MRP 用料的规划着眼于用料需求时间点的"供给量"及"需求量"间的关系,这个计算模式一般简称为"供需平衡计算",如下:

$$需求时间点的用料计划量 = 需求量小计 - 供给量小计$$

$$= 净需求$$

$$= 建议用料计划$$

【案例二】

一张订单的出货日期为 8 月 20 日,需要出货量为 100 单位,从投料组装需要 5 个工作日,8 月 20 日当天存货可用量为 60 单位,因此,主管部门知道如果该订单要如期出货,存货还缺少 40 单位的商品;所以需要在 8 月 19 日完工,才能满足 8 月 20 日订单出货量的需求。

那么生产 40 单位的成品必须要在 5 天前开始组装,表示组装材料应该在 8 月 13 日到货,即 8 月 14 日要开始生产。假设买这些组装的原料需要 10 天,表示 8 月 3 日所有的原物料都必须发出采购单通知供货商开始制造。MRP 时间规划示意图如图 6-5 所示。

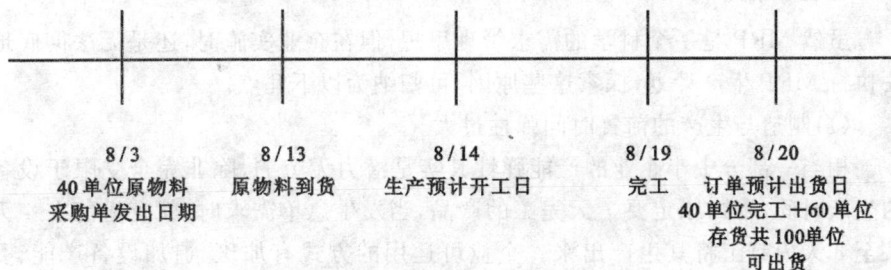

8/3	8/13	8/14	8/19	8/20
40 单位原物料采购单发出日期	原物料到货	生产预计开工日	完工	订单预计出货日 40 单位完工+60 单位 存货共100单位 可出货

图 6-5 MRP 时间规划示意图

【任务重点】

1. 规划的重要时间点

(1)8 月 20 日出货时间点。

因为当天要出货 100 单位产成品,但是库存只有 60 单位,表示需求为 40 单位。

(2)8 月 14 日开始投料生产的时间点。

因为比出货需求还缺少 40 单位,所以这些数量必须在此时间点开始投料、组装。

(3)8 月 3 日开始发出采购单的时间点。

因为 40 单位的产成品在 8 月 14 日开始生产,8 月 13 日原物料必须到货,同时要提早 10 天通知采购供应商制作原物料,供应商需要 10 个工作日,所以 8 月 3 日要发出采购单。

2.料件或商品的供需计算

$$8月20日的需求计划=需求量-供给量$$
$$=8月20日订单100单位-存货60单位$$
$$=40单位$$

3.采购前置时间

定义的对象为采购的原物料或商品。简单地说,采购前置时间是指从企业开始下原物料的采购单的时点到供应商处取得原物料的时间周期,也可以定义为从通知供应商进货到原物料送达的标准天数。

以上案例的40单位原物料的采购时间,8月3日至8月13日共10天就是采购前置时间,从原材料下至最终原材料到货的时间。

注:过去,前置时间的衡量几乎都是用天数,但到了企业开始实施JIT(just in time)生产管理及近几年盛行的物流管理,企业考虑库存的储存成本与效益,将前置时间从"天"(day)降至"小时"(hour),有些企业针对自动化需求甚至降至"分"(minute)来管控。

3.企业应用 MRP 的分析

虽然 MRP 是一个科学的需求管理思想,但在企业实施时,还是无法彻底地去执行 MRP 生产计划,探索这些原因,可归纳为以下几点。

(1)制造与生产的前置时间弹性过大。

相当一部分中小企业的产能弹性其实是潜力无穷的,除非完全受限于设备的生产时间,否则原定要7天完工的产品,当发生急单需求时,就有潜能在4天甚至3天内赶工将其生产出来。企业可运用的方式有加班、追加设备产能、委外生产等。因此由既定的前置时间推算出的 MRP 计划,通常容易变成没有生产的能力,只能给相关部门作为参考的时间建议。有很多高科技厂商只将 MRP 计算当成用料计划的参考或短期计划,真正的采购需要依靠与供应商之间强有力的协调机制,电子厂的供应商管理库存(VMI,vendor managed inventory)就应运而生。

(2)BOM 的用量结构不及时或不正确。

一般制造企业的产品研发管理,往往欠缺有效的产品版号控管及实时的产品变更控制。经常会因为产量测试跟大量生产的差异,没有进行 BOM 的数据维护。这些 BOM 的不正确一旦发生,当物料需求以研发 BOM 作为依据来执行 MRP 计划时,就会发现计划产出与实际的制造车间出现的差异。例如,原来设计时是用 10 颗 30mm 的十字螺钉,而到最后就会变成 12 颗 32mm 的十字螺钉。

因此,制造车间和采购部门就必须利用更多的时间来进行调整计划与排程信息。如果调整不及时或者被遗漏,计划就会有误差。这也是 MRP 运算逻辑在一般中小企业执行时,常常无法被落实执行的一个重要关键因素。

以实施 ERP 项目的经验来看,企业的 BOM 争取率其实还算很高,比较大的问题是因为客户 BOM 的差异化,或者说订单差异化的需求。例如,A 客户对产品的颜色要求是红色,而企业生产的产品默认的颜色是黑色。当客户下订单时,就要记得在订单及生产工单上修改,否则生产出来的东西就不符合客户的需求。可见,当产品客制化需求更加频繁时,BOM 除了要正确之外,还需要设计另外的辅助信息系统,来协助调整 MRP 计算出来的采购计划及生产计划,或者从一开始就产生正确的结果。

目前有很多企业存在研发基地和制造基地分别处于不同的地区的情况,因为制造基地一般选择在人工成本较低的地区。这种状况生产和研发信息的实时管理就更需要通过信息系统来整合连接,以降低生产及采购错误产生的异常成本。目前热门的 PDM/PLM 信息系统(product data management/product lifecycle management)就是要解决研发与生产信息有效传递的问题。

(3)生产排程变动过大。

很多企业生产管理部门的生产排程不参考车间制造部门实际的生产进行派工,车间主管有权根据生产状况去变动排程,最常发现的状况就是订单的调动、并单生产等,而生产管理部门只能被告知或配合去调度其他的资源。在这种情形下,如果生产排程资料不实施更新,那么相关的半成品联动的生产及采购计划就不会正确,只能依靠人员不断跟进。如果又发生不良品、紧急缺料、设备异常停工、生产变更调整、客户临时变更或取消订单等状况,就会造成生产排程变更愈加频繁。在如此反复影响之下,生产管理部门或物料管理人员就不容易依赖 MRP 计划。

(4)库存账务实时性及正确性不佳。

库存管理是一个只要用心就能做好的管理项目,但也是最容易被企业忽略及感受到束缚的管理项目。例如,存货的门禁及点交管理落实度与实时性不佳;对于进出库房的商品及料件必须实时登账并完成点收的手续,才能使商品的账务正确。正常企业营运时这些要求都可接受,但是当制造车间出现紧急生产状态,有些管理人员就会省略这些流程,事先取料事后再补手续。这样慢慢就会造成账实不一致,在执行 MRP 计划时就会不正确。

相关链接

鼎捷软件有限公司(Digiwin software,简称 Digiwin)长期追踪中小企业实施MRP计划模版的状况,发现一般中小型企业几乎100%都已有MRP模块上线,但是对于中小企业而言,大约有60%的企业并未执行MRP计划,或并没有以MRP模块当成主要生产排程及采购计划的依据。其主要原因就是以上所探讨的这些问题,另外目前客户订单多样化及交期变短的交货特性也造成上述的原因。

Digiwin为了替广大中小企业解决这一问题,凭借丰富的企业信息化应用经验,以MRP理论基础为根基,研发了一套适合中小企业应用的物料需求计划,称之为"批次物料需求计划"(lot requirement planning system,简称LRP),来有效应对中小企业的产业特性需求。由于LRP系统的研发设计还是以MRP的理论基础为架构,Digiwin从以下几个方面进行规划。

①将若干张订单或生产工单的产品视为同一批,赋予一个批次代号,作为LRP批次计划的依据。

②使用这个批次代号来计算以产成品BOM展开的原料、半成品或产成品的生产计划及采购计划。

③计算产出的生产及采购计划都能被清楚地注记,可追溯计划来源是因哪一批号所产生的需求。

④每一批号执行LRP运算时,都能选择以"净需求"或"毛需求"来产生计划,如果选择"毛需求",一般表明生产管理部门所产生的计划是采取保守态度,产生出的生产计划及采购计划一定可以满足生产所需,不会产生缺料状况。

其实,这个概念是原始MRP逻辑中的紧急订单处理的概念,只是一般中小型的MRP系统无法做到这么复杂架构的程序处理。因此Digiwin将此理念独立开发为LRP系统。这个系统受到广大中小企业的欢迎,系统上线率高达90%以上。主要原因如下。

①中小企业基本上依据订单生产,在材料控制上管控严谨,尽量会采取零库存政策,当订单来时再采购订单所需的原物料即可。

②对于原物料中具有共同性的材料以补货政策来规划,以安全库存的观念来管理,即设定特定的补货水平(或补货点),当低于这个水平时,采购人员就直接下订单购买。这种做法可以简化采购的工作及次数。

③可简单地追溯产生计划需求的来源,以方便追踪生产计划或采购计划的来源批号。目的是当订单变更时,可轻易地追踪对应产生的生产工单及采购订单,修改时更为方便,这可有效地处理订单变更所产生的差异。

但在执行LRP计划时,有以下三件事情需要企业特别留意。

①如果企业的生产排程变化很大,建议在使用LRP系统同时应该一起使用MRP系统。MRP系统每周至少执行两次,起到协助监控的作用,当车间部

门实际生产或物料控制发生计划差异时,能实时检视每一个时间点的供需平衡。

②如果订单常常被取消,在执行 LRP 计划后,计划人员应针对关键性原材料、成本较高或体积较大的原材料、影响原料成本者(如采购、储存及管理成本),进一步确认需求的合理性。避免造成存货堆积或者原材料成本的上涨,这样反而不利于企业获利。

③当 LRP 系统上线后,需要留意存货的增加情形。如果发现有存货增加,必须追溯原因进行分析。如果是因计划不良产生的状况,必须重新规划 LRP 的输入条件,或评估系统的适用性或进行适当的调整。

4. 闭环 MRP

随着企业的发展需求和竞争的加剧,企业对自身资源管理范围扩大、对制造资源计划细化和精确化,单纯面向物料的 MRP 扩展到与生产能力相关的人力和设备等更多资源的计划与控制,这就是闭环 MRP。初期 MRP 能根据有关数据计算出相关物料需求的准确时间与数量,但它还不够完善,其主要缺陷是没有考虑生产企业现有的生产能力和采购的有关条件的约束。因此,计算出来的物料需求的日期有可能因设备和工时的不足而没有能力生产,或者因原料的不足而无法生产。同时,它也缺乏根据计划实施情况的反馈信息对计划进行调整的功能。正是为了解决以上问题,MRP 系统在 20 世纪 70 年代发展为闭环 MRP 系统。闭环 MRP 系统除了物料需求计划外,还将生产能力需求计划、车间作业计划和采购作业计划也纳入 MRP,形成一个环形回路,成为闭环 MRP,如图 6-6 所示。

MRP 系统的正常运行,需要有一个现实可行的主生产计划。它除了要反映市场需求和合同订单以外,还必须满足企业的生产能力约束条件。因此,除了要编制资源需求计划外,还要制订能力需求计划(CRP),同各个工作中心的能力得到平衡。只有在采取了措施做到能力与资源均满足负荷需求时,才能开始执行计划。而要保证实行计划就要控制计划,执行 MRP 时要用派工单来控制加工的优先级,用采购单来控制采购的优先级。这样,基本 MRP 系统进一步发展,把能力需求计划和执行及控制计划的功能也包括进来,因此,闭环 MRP 则成为一个完整的生产计划与控制系统,能力需求计划与车间作业控制是其重要功能。

(1)能力需求计划(capacity requirement planning,CRP)。

在闭环 MRP 系统中,把关键工作中心的负荷平衡称为资源需求计划,或称为粗能力计划,它的计划对象为独立需求件,主要面向的是主生产计划;把所有工作中心的负荷平衡称为能力需求计划,或称为详细能力计划,而它的计划对

```
┌─────────────────────────┐
│      生产规划需求信息        │
└─────────────────────────┘
            │
  修改       ▼            必要时修改
┌───→┌─────────────────┐←───────┐
│    │   主生产计划 (MPS)   │        │
│    └─────────────────┘        │
│            │                   │
│            ▼                   │
│    ┌─────────────────┐        │
│    │  产能负荷分析 (RCCP)  │        │
│    └─────────────────┘        │
│            │                   │
│    N       ▼                   │
└──────◇是否可行◇                 │
            │                   │
            │Y                  │
            ▼          修改      │
      ┌─────────────────┐←──────┘
      │  物料需求计划 (MRP)   │
      └─────────────────┘
            │
  调整能力数据  ▼
┌───→┌─────────────────┐
│    │  能力需求计划 (CRP)   │
│    └─────────────────┘
│            │
│            ▼           N
└──────◇是否可行◇──────────┐
            │             │
            │Y            │
            ▼             │
      ┌─────────────────────────┐
      │ 作业计划与控制(采购、车间加工) │
      └─────────────────────────┘
            │
            ▼
      ┌─────────────────────┐
      │  投入与产出控制 (I/O)    │
      └─────────────────────┘
```

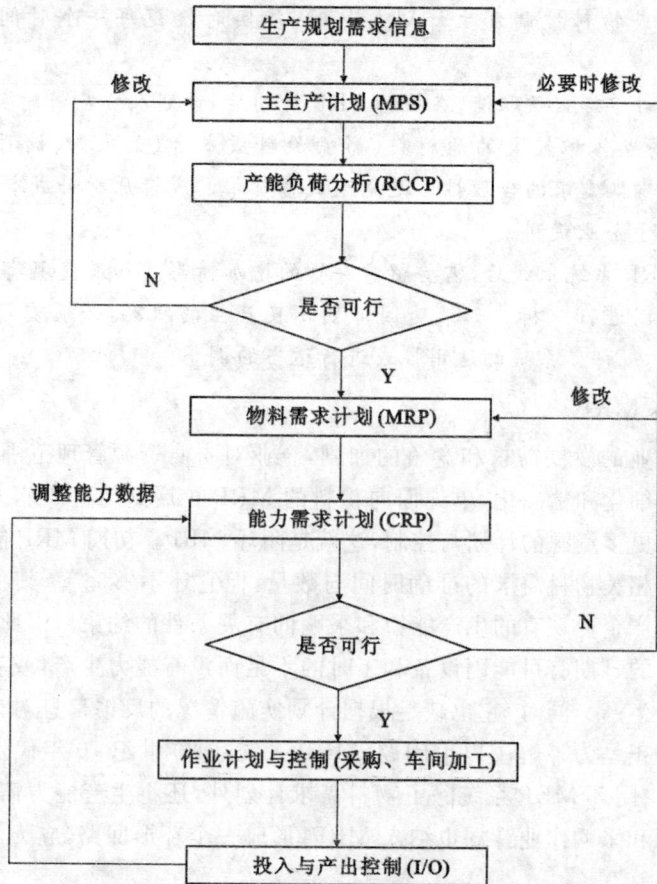

图 6-6 闭环 MRP 示意图

象为相关需求件,主要面向的是车间。由于 MRP 和 MPS 之间存在内在的联系,所以资源需求计划与能力需求计划之间也是一脉相承的,而后者正是在前者的基础上进行计算的。

闭环 MRP 的基本目标是满足客户和市场的需求,因此在编制计划时,总是先不考虑能力约束而优先保证计划需求,然后进行能力计划。经过多次反复运算,调整核实,才转入下一个阶段。能力需求计划的运算过程就是把物料需求计划订单换算成为能力需求数量,生成能力需求报表。

当然,在计划时段中也有可能出现能力需求超负荷或低负荷的情况。闭环 MRP 能力计划通常是通过报表的形式(直方图是常用工具)向计划人员报告,但是并不进行能力负荷的自动平衡,这个工作由计划人员人工完成。

(2)车间作业控制。

各工作中心能力与负荷需求基本平衡后,接下来就要集中解决如何具体地组织生产活动,使各种资源既能合理利用又能按期完成各项订单任务,并将客观生产活动进行的状况及时反馈到系统中,以便根据实际情况进行调整与控制,这就是车间作业控制。它的工作内容一般包括以下四个方面。

①车间订单下达:订单下达是核实 MRP 生成的计划订单,并转换为下达订单。

②作业顺序:它是指从工作中心的角度控制加工工件的作业顺序或作业优先级。

③投入产出控制:是一种监控作业流(正在作业的车间订单)通过工作中心的技术方法。利用投入/产出报告,可以分析生产中存在的问题,采取相应的措施。

④作业信息反馈:它主要是跟踪作业订单在制造过程中的运动,收集各种资源消耗的实际数据,更新库存余额并完成 MRP 的闭环。

通俗地说,MRP 是一种保证既不出现短缺,又不积压库存的计划方法。它解决了制造业所担心的缺件与超储的矛盾。所有 ERP 软件都把 MRP 作为其生产计划与控制模块,MRP 是 ERP 系统不可缺少的核心功能。

5. 制造资源计划(MRPⅡ)

闭环 MRP 系统的出现,使生产活动方面的各种子系统得到了统一。但在企业的管理中,生产管理只是一个方面,它所涉及的仅仅是物流,而与物流密切相关的还有资金流等其他相关方面,闭环 MRP 无法反映执行计划之后给企业带来的效益。

1977 年 9 月,美国著名的生产管理专家奥列弗·怀特(Oliver W Weight)在美国《现代物料搬运》(*Modern Materials Handling*)月刊上由他主持的"物料管理"专栏中,首先倡议给同资金信息集成的 MRP 系统一个新的称号——制造资源计划(manufacturing resource planning)系统,英文缩写还是 MRP,为了与原来的物料需求计划区别而记为 MRPⅡ。于是,20 世纪 80 年代,人们把生产、财务、销售、工程技术、采购等各个子系统集成为一个一体化的系统,称为MRPⅡ。

MRPⅡ的基本思想就是把企业作为一个有机整体,如图 6-7 所示。基于企业经营目标制订生产计划,围绕物料转化组织制造资源,实现按需、按时进行生产;从整体最优的角度出发,通过运用科学方法对企业各种制造资源和产、供、销、财各个环节进行有效的计划、组织和控制,使它们得以协调发展,并充分地发挥作用。

MRPⅡ是一种计划主导型管理模式,计划层次从宏观到微观、从战略到技术、由粗到细逐层优化,但始终保证与企业经营战略目标一致。MRPⅡ以计算机为手段,能够以手工无法比拟的效率处理复杂的计划问题。事先周密的计划安排,使得复杂的生产活动,特别是机械制造业的多品种、中小批量的生产有了合理的组织与科学的秩序。MRPⅡ的主要目标是在保证交货期的前提下,尽可能减少库存,以降低生产成本。MRPⅡ中的一些基本思想和计划方法如独立需求、相关需求、毛需求、净需求、MPS、MRP、CRP、RCCP等,完善与发展了生产管理的方法与技术,这就是生产管理方法的重大创新。

MRPⅡ同MRP的主要区别之一就是它运用管理会计的概念,用货币形式说明了执行企业"物料计划"带来的效益,实现物料信息同资金信息集成。MRPⅡ把传统的账务处理同发生账务的事物结合起来,不仅说明账务的资金现状,而且追溯资金的来龙去脉,例如,将体现债务债权关系的应付账、应收账同采购业务和销售业务集成起来,同供应商或客户的业绩或信誉集成起来,同销售和生产计划集成起来等,使与生产相关的财务信息直接由生产活动生成,保证了"资金流(财务流)"同"物流(实收账)"的同步和一致,改变了资金信息滞后于物料信息的状况,便于实时作出决策。

此外,MRPⅡ同闭环MRP相比,除了实现物流同资金流的信息集成外,还有一个区别就是增加了模拟功能。MRPⅡ不是一个自动优化系统,管理中出现的问题千变万化,很难建立固定的数学模型,不能像控制生产流程那样实现自动控制。但是,MRPⅡ系统可以通过模拟功能,在情况变动时,对产品结构、计划、工艺、成本等进行不同方式的人工调整,进行模拟,预见到"如果怎样-将会怎样(what-if)",通过多种方案比较,为管理人员寻求比较合理的解决方案,提供一种最简明、易懂的决策工具,MRPⅡ系统图如图6-7所示。

MRPⅡ在广泛应用的同时,随着管理需求和技术发展的变化,也表现出一些不足。

(1)需求量、提前期与加工能力是MRPⅡ制订计划的主要依据。而在市场形势复杂多变、产品更新换代周期短的情况下,MRPⅡ对需求与能力的变更,特别是计划期内的变动适应性差,通过需求较大的库存量来平衡需求与能力的波动。

(2)现有MRPⅡ商品软件系统庞大而复杂的体系结构与集中式的管理模式,难以适应使用者对系统方便、灵活的要求和企业改革发展的需要。

(3)竞争的加剧和用户对产品多样性和交货期日趋苛刻的要求,单靠"计划推动"式的管理难以适应。现在许多企业面临的主要问题并不在于准确而周到的计划。企业的库存水平与外部环境关系密切。大量企业并未从MRPⅡ中获得预期的效益。

```
                                ┌──────────┐
                                │ 经营规划 │ ◄──────────────┐
                                └────┬─────┘                │
            ┌──────────┐       ┌────▼─────┐                 │
            │ 资源清单 │ ─────►│ 经营规划 │                 │  决策层
            └──────────┘       └────┬─────┘                 │
                                    │              N        │
                                ◄───▼───►────────────────┐  │
                                 是否可行                 │  │
                                ◄───┬───►                 │  │
                                  Y │                     │  │
                                    │                     │  │
┌──────────┐   ┌──────────┐   ┌────▼──────┐              │  │
│ 客户信息 │──►│ 需求信息 │──►│ 主生产计划│              │  │
└────┬─────┘   └──────────┘   │ 粗能力计划│              │  │
     │                        └────┬──────┘              │  │
     │                             │          N          │  │
     │                         ◄───▼───►───────────────┐ │  │  计划层
     │                          是否可行               │ │  │
┌────▼─────┐  ┌──────────┐    ◄───┬───►                │ │  │
│ 应收账款 │◄─│ 会计科目 │      Y │                    │ │  │
└────┬─────┘  │ 成本中心 │    ┌───▼──────┐             │ │  │
     │        └──────────┘    │ 物料需求 │             │ │  │
     │        ┌──────────┐    │ 计划     │             │ │  │
┌────▼─────┐  │ 库存信息 │    └───┬──────┘             │ │  │
│  总账    │◄─│ 物料清单 │        │                    │ │  │
└────┬─────┘  └──────────┘    ┌───▼──────┐             │ │  │
     │        ┌──────────┐    │ 能力需求 │             │ │  │
     │        │ 工作中心 │    │ 计划     │             │ │  │
     │        │ 工艺路线 │    └───┬──────┘             │ │  │
┌────▼─────┐  └──────────┘        │         N          │ │  │
│ 应付账款 │               ◄──────▼───►──────────────┐│ │  │
└────┬─────┘                  是否可行               ││ │  │
     │                     ◄──────┬───►              ││ │  │
     │                          Y │                  ││ │  │
┌────▼─────┐          ┌──────────▼┐    ┌──────────┐ ││ │  │
│供应商信息│ ────────►│ 采购作业  │    │ 车间作业 │ ─┼┼─┼──┤ 执行层
└──────────┘          └─────┬─────┘    └────┬─────┘ ││ │  │
     │                      │               │       ││ │  │
     │                  ┌───▼───────────────▼──┐    ││ │  │
     └─────────────────►│       成本会计        │◄──┘│ │  │
                        └───────────┬──────────┘     │ │  │
                           ┌────────▼───────┐        │ │  │
                           │    业绩评价     │ ───────┘ │  │
                           └────────────────┘          │  │
```

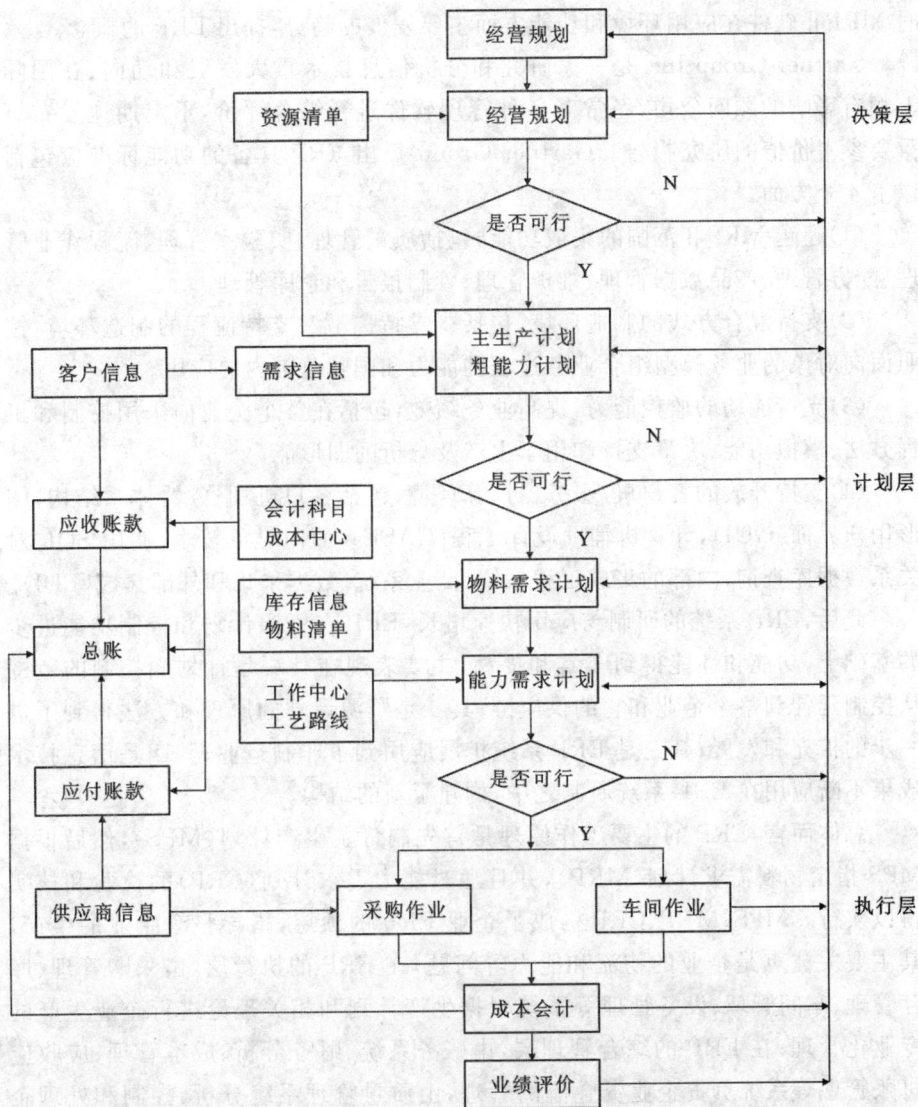

图 6-7   MRPⅡ系统示意图

6.企业资源计划（ERP）

从 MRPⅡ的概念产生后的 10 年间，企业计划与控制的原理、方法和软件都成熟和完善起来。在此期间又出现了许多新的管理方法，如 JIT(just in time，及时生产)；新的管理思想和战略，如 CIMS(计算机集成制造系统)和 LP (lean product，精益生产)等，信息技术更是飞速发展。各个 MRPⅡ软件供应商不断地在自己的产品中加入了新的内容，逐渐演变形成了功能更完善、技术更先进的制造企业的计划与控制系统。20 世纪 90 年代初 Gartner Group 总结当时 MRPⅡ软件在应用环境和功能方面主要发展的趋势,提出 ERP 的概念。

Gartner Group Inc. 是一家研究和分析信息技术重大发展和动向、在国际上颇有影响的顾问公司,经常对各种管理软件进行综合评价,不定期地发布有重要参考价值的研究报告。Gartner Group 提出 ERP 具备的功能标准应包括以下 4 个方面。

(1)超越 MRPⅡ范围的集成功能,包括质量管理、实验室管理、流程作业管理、配方管理、产品数据管理、维护管理、管制报告和仓库管理。

(2)支持混合方式的制造环境,包括既支持离散又支持流程的制造环境,按照面向对象的业务模型组合业务过程的能力和国际范围内的应用。

(3)支持能动的监控能力,提高业务绩效,包括在整个企业内采用控制和工程方法、模拟功能、决策支持和用于生产及分析的图形能力。

(4)支持开放的客户机/服务器计算环境,包括客户机/服务器体系结构,图形用户界面(GUI),计算机辅助设计工程(CASE),面向对象技术,使用 SQL 对关系数据库查询,内部的集成工程系统、商业系统、数据采集和外部集成(EDI)。

此后,ERP 系统的研制与应用快速增长,ERP 在资源计划和控制功能进步的基础上,功能和性能得到丰富和提高,主要表现在其一是计划和控制的范围从控制延伸到整个企业和它的供应链;其二是资源计划的原理和方法得到了进一步的扩充和发展;其三是 ERP 系统扩展应用到了非制造业;其四是信息技术成果不断应用在 ERP 系统研制之中,构建了新的结构。

总体而言,ERP 的主要工作原理是首先制订主生产计划(MPS),然后根据 MPS 指定物料需求计划(MRP),并且通过能力需求计划(CRP)的检验和核实得以实行。MPS、MRP、CRP 构成了企业 ERP 的顶层,指导整个企业的生产,其主要关注点是企业的物流和能力等问题;在 ERP 的执行层,由采购管理、库存管理、车间管理、设备管理等系统根据生产计划和相关理论进行企业生产的专业化管理;在 ERP 的综合管理层,由账务系统、财务分析、成本管理、应收应付账管理等系统负责企业资金流的管理,由质量管理系统分析、控制和处理企业生产和管理中的相关质量问题,由人力资源管理系统调配企业各种人力资源,并进行薪酬、绩效考评等管理。此外,一些 ERP 系统还包含了分销资源计划系统,调配和控制企业分销网络中的各种资源。

从其主要模块构成可以看出,ERP 关于生产制造的主要模块是三大计划模块,这仍然是 ERP 的主线;但是其企业管理的核心却是财务管理。ERP 的主要思想之一便是企业一切的物流都要伴随着资金流和信息流的发生,这继承了 MRPⅡ的思想,但在此基础上进一步发展,在企业整个生产制造过程中贯穿了财务管理和成本控制的思想,使得 ERP 更能贴近企业提高收入、降低成本的经营目标。因此,ERP 现已被世界 80％的 500 强企业所应用,还有 20％的企业正在实施 ERP 的过程中。

需要注意的是,在理解 ERP 发展历程中 ERP 的诞生和发展时,需要转变思考问题的方式:在 MRPⅡ产生之前,系统以生产制造资源的计划和控制管理内容和能力的不断扩展为主,各阶段的比较重点在资源涵盖的多少、计划和控制的方法;而 ERP 阶段却更需要从企业竞争环境以及应对方法的变化、企业信息技术应用发展趋势,以及企业与信息系统之间的互动去理解。

虽然 Gartner Group 最先提出了 ERP 的概念并对功能扩展提出了要求,但今天 ERP 供应商之多,功能扩展之迅速和多样,使得企业的信息需求可以较快地获得满足。正如达文波特所说,企业可以从 ERP 中得到"希望从计算机中能够得到的一切"。此外,ERP 提出和发展的年代,正是全球经济生活快速变化、管理思想再次革命、信息化全面推进的时期,业务流程再造、信息共享与信息系统整合等思想迅速融入 ERP 系统的研制中。因此,ERP 到底有多少功能并不是研究的重点,企业能够从中得到什么、能够解决什么问题、如何通过 ERP 的实施和应用改变企业的竞争状态,成为研究领域的重点和难点。

虽然 ERP 已广泛应用于非制造业企业,但 MRPⅡ仍是 ERP 系统的核心功能,MRPⅡ中对资源的计划和控制思想,仍是 ERP 应用的核心所在。对于非制造业企业,即使没有使用生产制造模块,同样是借助其他模块(如项目管理等)来应用和实现 MRPⅡ中物流、资金流、信息流的集成以及系统功能的整合。

7. ERPⅡ的发展

ERP 在管理思想和信息技术不断发展的基础上,其管理模式和管理功能有了显著的变化,图 6-8 反映了其发展变化的趋势。

随着管理环境的变化与技术的发展,ERP 系统的功能不断扩展:

①注重整个供应链上的信息,加强对合作伙伴与客户信息的管理,在已有的市场管理、销售管理、售后服务管理的基础上,发展成为影响很大的客户关系管理(customer relationship management,CRM)系统;

②注重人力资源开发和知识管理,加强信息与知识的收集、创新、传递与利用已成为许多企业增强竞争能力、提高其市场价值的战略措施;

③加强决策支持功能,采用数据仓库、数据挖掘技术、工作流管理技术;

④加强系统的集成性与开放性,应用 Internet 技术、移动通信技术等,促进与电子商务的集成。

这里,ERPⅡ是 Gartner Group 在总结 ERP 不足以及信息技术应用发展趋势的基础上提出的新的系统概念。Gartner Group 专家认为 ERP 存在以下问题。

协同商务

库存计划 物料信息集成	物流、资金流 信息集成	多行业、多地区、多业务 供需链信息集成	CRM/APS/BI 电子商务 Internet/Intranet
		法制条例控制 流程工业管理 运输管理 仓库管理 设备维修管理 质量管理 产品数据管理	法制条例控制 流程工业管理 运输管理 仓库管理 设备维修管理 质量管理 产品数据管理
	销售管理 财务管理 成本管理	销售管理 财务管理 成本管理	销售管理 财务管理 成本管理
MPS、MRP、CRP 库存管理 工艺路线 工作中心 BOM	MPS、MRP、CRP 库存管理 工艺路线 工作中心 BOM	MPS、MRP、CRP 库存管理 工艺路线 工作中心 BOM	MPS、MRP、CRP 库存管理 工艺路线 工作中心 BOM
MRP/20世纪70年代	MRPⅡ/20世纪80年代	ERP/20世纪90年代	ERPⅡ/21世纪

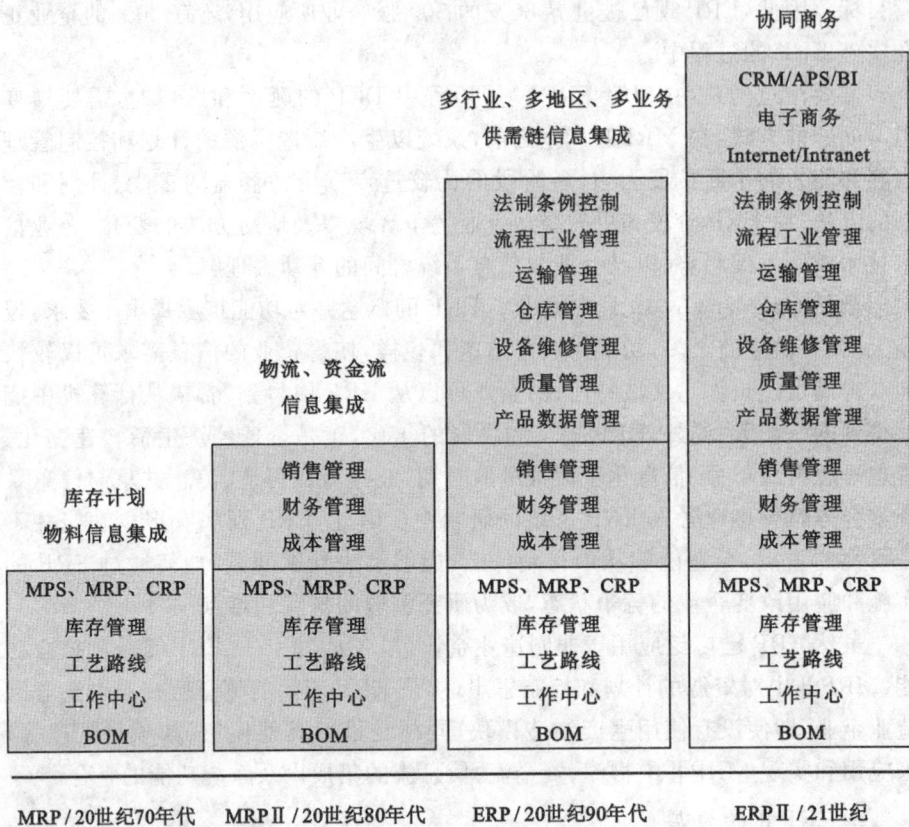

图 6-8 ERP 发展趋势图

①ERP 本身注重的是供应链内部的管理和协调,没有考虑供应链以外的客户需求;

②ERP 对客户关系的管理还比较薄弱;

③对于网上销售技术,目前的功能也比较简单。

近年来,随着国际互联网的发展,在 ERP 系统中又不断增加了对电子商务、电子数据交换与大规模信息通信的处理,为了实现协同商务,加强供应链管理,Gartner Group 公司的专家认为:未来的 ERP 将是一个在现有 ERP 基础上,通过运用先进技术,把各种现代企业管理思想、方法和应用系统集成在一起的,且是面向供应开放的新系统,并将其称为 ERPⅡ。

此外,为了实现企业内外的协同运作,美国生产与控制协会(APICS)提出了新的概念,即未来的 ERP 将要朝着全面企业集成(TEI)的方向发展。其基本含义就是在现有 ERP 的基础上,通过更大范围的应用扩展和管理、技术、信息的集成,进而实现全面企业集成。

企业信息化发展历程及趋势——ERP 向 ERP Ⅱ 的转变,如图 6-9 所示。

ERP		ERP Ⅱ
企业内部管理优化	角色	参与价值链/协作商务
制造业和分销	领域	所有行业
制造/销售/财务…	功能	跨行业和特定行业
内部业务	过程	外部链接
封闭、单一整体	架构	开放、组件化的
内部产生和使用	数据	内外部发布和采用

图 6-9 ERP 向 ERP Ⅱ 的转变

企业信息化的发展在现阶段及未来几年中,将着眼于 ERP 系统的往外延伸。其中很重要的是外围的信息系统发展。每一个企业的信息发展都以 ERP 为基础往外或更深入地进行发展与整合。有的深入自动化领域的结合,如与"制造执行系统"(manufacturing execution system,MES)的整合,集成绩效管理"平衡计分卡"(balance scored card,BSC),针对客户供应商的电子商务平台管理及 E-service 的服务。

(1)平衡计分卡(balance scored card,BSC)。

平衡计分卡是一种全新企业综合测评体系,代表了国际上最前沿的管理思想。它的一个最为突出的特点就是:集测评、管理与交流功能于一体。围绕企业的战略目标,利用 BSC 可以从财务、顾客、内部过程、学习与创新这四个方面对企业进行全面的测评。在使用时对每一个方面建立相应的目标以及衡量该目标是否实现的指标。

财务方面:其目标是解决"股东如何看待我们"。

顾客方面:其目标是解决"顾客如何看待我们"。

内部过程方面:其目标是解决"我们擅长什么"。

学习和创新方面:其目标是解决"我们是在进步吗"。

BSC 就是要对上述四个方面进行平衡,BSC 中各项测量指标并不是孤立地存在,它们与一组目标相联系,而这些目标自身又相互关联并最终都以种种直接或间接的形式与财务结果相关联。

(2)需求链管理(demand chain management,DCM)。

过去制造业的生产量取决于销售部门的销售计划或者市场预测。如果市场的经营有不同渠道模式,如经销商、总代理商等,那么从制造商到最终用户环节就非常多,所需的流程也非常长,而且会发生一个预测或生产预算的超额问题,也就是说渠道的每一关都有可能被虚增预测,导致生产过剩及存货增加的问题。因此,如何精确地进行需求链的预测管理及控制是一门学问。

(3)客户关系管理(customer relationship management,CRM)。

企业的获利利润来自客户的支付。产品或服务交付给客户后,如何让客户满意变得非常重要。在1990年,企业感受到客户售后服务的重要性,因此采用新的流程来处理回复及管理客户提出的问题,这时发展出一个服务管道"客户中心(call-center)"。CRM的发起源于企业在经营中发觉老客户的服务及关系若建立得好,可带来更多的商机。于是就将旧客户的经营延伸到潜在客户的关系管理与经营。透过CRM信息系统的协助,可有效缩短潜在客户的开发时程,这对企业营收有莫大的帮助。

(4)供应链管理(supply chain management,SCM)。

所谓供应链,就是由供应商、制造商、仓库、配送中心和渠道商等构成的物流网络。同一企业可能构成这个网络的不同组成结点,但更多情况下是由不同企业构成这个网络中的不同结点。比如,在某个供应链中,同一企业可能既在制造商、仓库结点,又在配送中心结点等占有位置。在分工愈细、专业要求愈高的供应链中,不同结点基本上由不同的企业组成。在供应链各成员部门间流动的原材料、在制品库存和产成品等就构成了供应链上的物流。

供应链管理是一种集成的管理思想和方法,它执行供应链中从供应商到最终用户的物流计划和控制等职能。从单一的企业角度来看,是指企业通过改善上、下游供应链关系,整合和优化供应链中的信息流、物流、资金流,以获得企业的竞争优势。

(5)制造执行系统(manufacturing execution system,MES)。

MES是企业计算机/现代集成制造系统(CIMS)信息集成的纽带,是实施企业敏捷制造战略和实现车间生产敏捷化的基本技术手段,是面向车间级的生产管理系统。

MES系统是自动化生产线必备的生产线自动控制系统之一,此系统能够摆脱繁重的人工抄写录入工作,减少人为差错,提高生产线的工作效率,并为产品及生产线的数据统计提供准确而详细的资料,是大型制造企业提高车间工作效率、优化工艺流程、加强质量检测和售后维修与服务的最好工具。

制造企业通过实施MES,可以实现车间生产计划和调度、生产任务查询、生产过程监控、智能数据采集、质量检测与控制、物料跟踪、原辅料消耗控制、车间考核和管理、统计分析、人力资源和设备管理等功能,彻底帮助企业改掉生产车间管理的暗箱操作。

(6)ABC 成本法(activity-based costing)。

ABC 成本法,即作业成本法,是以作业为核心,确认和计量耗用企业资源的所有作业,将耗用的资源成本准确地计入作业,然后选择成本动因,将所有作业成本分配给成本计算对象(产品或服务)的一种成本计算方法。

ABC 成本法的指导思想是"成本对象消耗作业,作业消耗资源"。ABC 成本法把直接成本和间接成本(包括期间费用)作为产品(服务)消耗作业的成本同等地对待,拓宽了成本计算范围,使计算出来的产品(服务)成本更准确、真实。

作业是成本计算的核心和基本对象,产品成本或服务成本是全部作业的成本总和,是实际耗用企业资源成本的终结。

(7)数据仓库(data warehouse,DW)。

数据仓库是一个面向主题的、集成的、不可更新的、随时间不断变化的数据集合,它用于支持企业或组织的决策分析处理。

数据仓库之父 Bill Inmon 在 1991 年出版的 *Building the Data Warehouse* 一书中所提出的定义被广泛接受。数据仓库是一个面向主题的(subject oriented)、集成的(integrated)、相对稳定的(non-volatile)、反映历史变化(time variant)的数据集合,用于支持管理决策(decision making support)。

(8)商业智能(business intelligence,BI)。

商业智能的概念于 1996 年最早由 Gartner Group 提出,并将商业智能定义为,商业智能描述了一系列的概念和方法,通过应用基于事实的支持系统来辅助商业决策的制订。商业智能技术提供使企业迅速分析数据的技术和方法,包括收集、管理和分析数据,将这些数据转化为有用的信息,然后分发到企业各处。

目前,学术界对商业智能的定义并不统一。商业智能通常被理解为将企业中现有的数据转化为知识,帮助企业作出明智的业务经营决策的工具。这里所谈的数据包括来自企业业务系统的订单、库存、交易账目、客户和供应商资料及来自企业所处行业和竞争对手的数据,以及来自企业所处的其他外部环境中的各种数据。而商业智能能够辅助的业务经营决策既可以是操作层的,也可以是战术层和战略层的决策。为了将数据转换为知识,需要利用数据仓库、联机分析处理(OLAP)工具和数据挖掘等技术。因此,从技术层面来讲,商业智能不是什么新技术,它只是数据仓库、OLAP 和数据挖掘等技术的综合运用。

二、21世纪企业信息化面临的挑战与冲击

就 Garter Group 的观察,从 2000 年开始企业信息化应用向 ERP 应用的趋势发展。ERP 应用从单纯的企业内部资源规划整合过渡到企业外部的需求链及供应链中,以提升企业的竞争优势。从长期观察信息产业动态的角度来看,这一两年来,对 ERP 系统效益的认知已经比较普及,在企业有 ERP 系统项目需求时,根本不需要软件提供商或实施规划人员再去说明 ERP 的效益或目的。企业对 ERP 系统的期望,已经从过去降低行政成本与提升管理效率,提升到现在的企业经营所必备的基本能力与工具阶段。因此对 ERP 系统应用时,更多的营运调整及与其他信息系统的整合需求逐一被提出。

以下将通过一些案例来描述,ERP 的导入正慢慢地改变了企业的运营模式,已经从过去系统的应用工具,跃升为企业经营管理的重要工具。

1. 企业接客户订单需要借助 ERP 系统

过去企业接客户订单是通过传真或邮寄订单来确认订单的有效性,但在进入信息化应用的时代,销售订单交易程序的模式已经发生重大变革。所有销售订单的书面凭证开始慢慢消失,取而代之的是电子媒体或加密认证过的数据文件。我们发现越来越多的订单透过档案传输下载到供应商端,甚至客户将订单直接传输到供应商的 ERP 系统界面中,而且客户要求以小时为单位进行快速的销售订单信息响应。企业如有迟疑,订单就"稍纵即逝"。

客户订单从报价到受订在 30 分钟内要完成确认。越来越多的信息显示,网络交易平台的发展已经是必然的趋势,当需求端有商品采购需求时就会发出信息,在一个交易平台上公告、竞标、议价及发包,其中包含确认订单单价、数量、出货方式、交易条件等信息。企业更需要一套完整的信息系统,协助支持订单的审核、核准及计划,最重要的是要有效防止接错单的风险。

从订单成交到出货,企业主动或被动地提供给客户完整的生产交货信息,有越来越多的企业愿意提供更完整的订单信息给客户,以提升客户的满意程度及信心。因此,企业若没有借助 IT 应用级信息系统,如何处理相继而来的实时庞大行政处理与联系工作呢?

2. 全球运筹管理,营运决胜于分秒必争中,ERP 提供企业营运所需的完整信息

(1) 企业全球化的布局,不再是单一据点的运营模式,研发、采购、组装、渠道、营销及发货仓储都有可能散步在不同的国度与区域中。要整合一个完整的运营机能,必须要靠 IT 技术,要依赖完整共享的信息资源整合。ERP 正是管理这些资源的系统。没有 ERP 系统的协助,企业就会像盲人般无助。

（2）应用信息系统从过去的区域分散应用,已经渐渐地整合成为实时性的集团营运系统。过去几年跨国集团的营运据点、子公司或关系企业,会依据其企业规模选择适合自己的应用信息系统来应用。但这两年的趋势发生了改变,集团营运的据点正以集团的 ERP 系统为中心慢慢地在进行系统整合。这些据点或公司在面临着第二次的 ERP 系统更新,并已经逐渐淘汰当时的独立系统,选择与母公司或营运总部相同的平台、数据库及应用系统。其原因是降低整合界面以提升信息效能、时间和反应速度是 21 世纪企业竞争优势的关键因素。

3. 企业经营策略的执行

策略执行需要更多的经营成果分析与模拟,信息科技的应用正逢其时。知识经济时代,快速的反应及更快速的变革是企业生存的必备条件。信息科技创造的效益得以有效地发挥,从趋势分析到数据收集、分析、整合、模拟及决策,这些都是过去需要花费庞大的人力、成本及时间才能获得的,而现在靠着 ERP 衍生的 SEM、EIS、DDS 及 BI 系统的应用,企业就能轻松获得效益。

4. 信息化的范围扩展及核心知识

过去的经营者担忧核心竞争知识在信息化的整合或集中化后,如果出现不妥善的管理,很容易造成机密外流,而造成企业的营运风险或产生负面的影响,所以企业只对日常的业务流程进行信息化。这样的观念在现今的经营理念中慢慢地有所改观,越来越多的 CEO 或 CIO 开始努力把所有营运模式整合到信息系统中,凭借信息化的优势和效益来拉大与竞争对手间的差距。

举例来说,过去 10 年的信息化中,我们有时会遇到一些忧心忡忡的经营者,他们只愿将 BCD 分类的客户(非重点出货的客户)放到信息化系统中,因为担心重要的数据容易被窃用,所以重要的客户使用另一套管理流程。除此之外,他们还会担心内部的制造成本被员工或他人知道,造成利润曝光,影响接单或经营。所以很多的企业存货管理都只有数量没有成本,要想知道成本或报价就得去问财务部,当然财务部就必须单独有一套存货的计价方式,那么财务账上的存货数量跟存货账就有可能不符。

现在企业除了内部的资源股管理,连潜在的市场的经营都需要通过信息化来管理,客户关系管理系统(CRM)是典型的例子。CRM 系统中必须就潜在客户的营销、客户经营轨迹一一建档登记,并进一步地分析及控管,以便尽快促成交易。这样的管理在过去是比较难让企业经营者接受的,因为潜在客户的经营更加机密,稍一疏忽都会出现更多竞争对手。又如制造的实际成本计算的精密度还不够,现在还要精算到 ABC(activity-based costing)的作业基础成本会计制度。

经营者难道不再担心这些重要的经营信息外泄吗? 当然担心。但是经营者更担心由于信息管理的不到位,丧失了获利的商机。所以风险不仅要评估,还要控管,经营者的 IT 应用观念已经越来越成熟与积极。

5.ERP 应用的深度及广度正快速地成长及发展

更多的系统整合需求正在急速地蔓延,对企业及 ERP 软件供应商来说,都是一种更艰辛的挑战。在过去,有 20 个模块的信息系统计算功能庞大了,但现在神州数码的易飞 ERP 系统已经超过了 30 个功能模块,即使这么多的模块被陆续开发出来,还是无法满足企业整体运营的需求。目前企业在 ERP 应用中,约 95%的企业都有个案二次开发的需求。在过去,属于企业运营管理核心的关键性模块,如研发管理、CAD 系统、MES 系统、CRM 系统、绩效考核系统、自动仓储系统、流通的派车调度系统等,往往被认为不需要跟信息系统整合,甚至被要求不能整合。目前企业的思维方式在不断改变,在 ERP 供应商选型中,企业开始要求提供整合成功案例以证明整合能力,不难看出企业对整合的需求迫切度及重视度。

下面举一些系统整合的案例,从这些案例中可以看出 ERP 系统与其他系统整合的需求概况。

【案例一】 ERP 与条形码/RFID 整合如图 6-10 所示。

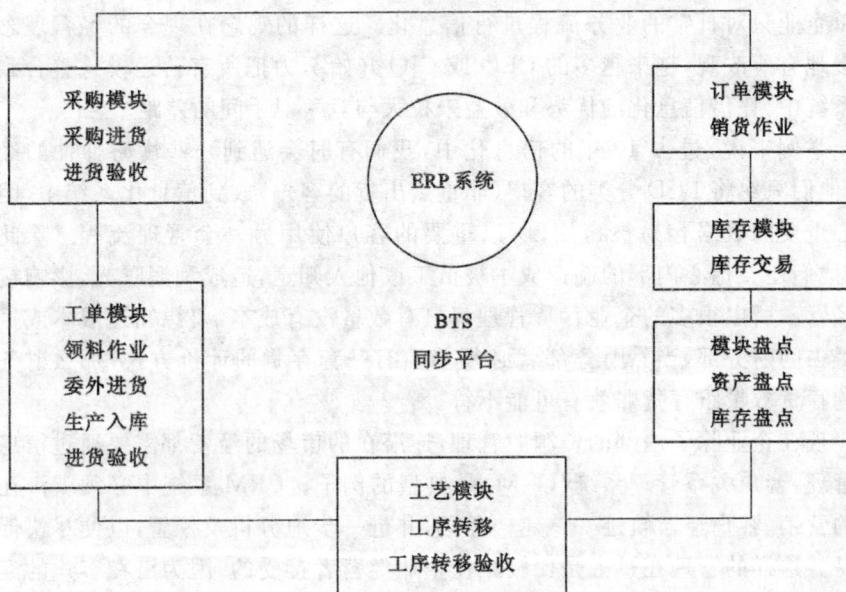

图 6-10 ERP 与条形码整合图

过去的制造业中,条形码最常见应用在商品的存货盘点及固定资产盘点上。所谓商品的存货盘点,是在储存的料架上或包装上,将品号数据转换成条形码卷标,粘贴在架上。当盘点时利用扫描机将条形码读入,只要将数量录入就好,如此可简化盘点的流程。

除了盘点的功能,企业还可以将采购的重要信息,如采购单单号序号、数量及日期等转换成特殊的条形码标示,要求供应商交货时将这些条形码贴在外包箱上,透过数据扫描仪读取,数据比对数量核对无误后,可自动产生进货单。这样不仅可以提升进出货数据输入效率,还可以降低人员输入错误的风险。

条形码简单易用、成本效率高,已成为应用最广、最久的、向企业应用提供精确数据的有力工具。企业信息化软件的效能的进一步改善在很大程度上依赖于条码和通信技术的应用和发展。目前在企业应用中,比条形码更有前途的自动识别和数据采集技术是射频识别(radio frequency identification,RFID)技术。

物流行业 RFID 的应用已深入人心,可是在企业信息化中,RFID 如何发挥其优势,许多人并不了解。FRID 与 ERP 的结合给制造业带来了新的发展。

FRID 技术和 ERP 系统的集成,可以帮助企业全程跟踪它们的产品。在制造业环境中,货物会带有一个 RFID 标签,标签上含有一个被称作全球贸易识别(GTIN)的独特电子代码,以及一个可在供应链上的任何一点识别货物的序列号。货物被单独或成批打包之后会被统一放置在托盘上,托盘也带有一个 RFID 标签。当货物离开工厂经过大门时,RFID 读写器将会读取托盘和货箱上的标签,对所有的产品进行识别,并自动生成货物清单。标签上的信息将会在配送中心或仓库中再次被阅读,以确认其到达,然后传入存货系统。每次读取都会提供既完整又准确的物料信息以及后台和前台的存货情况。最后这些信息将被传输到 ERP 系统。

必须看到,随着多数企业和产品的生产模式从 MTS(made to stock,按库存销售)向 ATO(assemble to order,面向订单装配)或 ETO(engineering to order,面向订单设计)模式转变,从大量生产方式向精益生产方式转变,对包括原材料、在制品、零件和最终产品等所有物料的跟踪和控制就显得越来越重要。物料和质量的跟踪将是 ERP 系统的繁重任务。而采用以条码/RFID 等自动识别和数据采集手段,则是化解这日益加重的信息识别和采集问题的有效方法。

我们认为,条码/RFID 等先进自动识别技术与 ERP 的集成,不仅是对 ERP 数据处理手段的补充,还对实现 ERP 真正的物流、信息流的集成,对充分发挥 ERP 的功效起着强有力的杠杆作用。

PAD(平板电脑)对现代的精英白领来说,已经是不可或缺的个人"行政助理"了,业务人员几乎人手一机,最常使用的功能就是行事历管理、拨打电话以及记事等。企业信息整合首先就希望通过 PAD 来协助业务人员提升接单的效率及有效的客户管理。

业务人员在拜访客户时,常常要将 ERP 的客户基本数据导入 PAD 中,如客户地址、联络电话,如果有订单未出货的,还要准备数据逐一记录,以免当场被客户询问无法应对。如果客户的应收账款未得到有效的催收,也会造成公司的损失。如果拜访客户是为了接到更多的订单,还要准备客户的资料,如规格、单价、促销价格及目前库存等信息。否则拜访完客户后,就有一连串的行政工作要做,查询商品单价、折让、促销价格、产能、仓库的库存、不同交运方式、不同受订数量的单价,等等。如果再遇到信息不完整的状况,还要电话联系或是第二次拜访客户,报价单一次命中的机会实属少数,二至三次报价流程几乎是家常便饭。

因此,企业经营者开始思考有没有机会将 ERP 中跟业务部门的报价接单或客户管理有关的信息下载到 PAD 上,业务人员可以在客户那里就把报价单处理好,甚至数据输入完整。需要同客户协商的可以当场确认,如果没问题回到公司就可以打印报价单了。在客户端就能有效地完成报价流程,这不仅提升业务人员的业务效率,对客户缩短采购周期也是一个双赢的策略,当然是皆大欢喜的结果。

也许有些企业经营者会担心这些客户商品的资料万一泄露出去会怎么样?所以以适当的数据切割及权限管理是必要的。风险总是存在的,所以数据风险控管必须更加小心和谨慎。

【案例二】 ERP 与自动仓储系统的整合架构如图 6-11 所示。

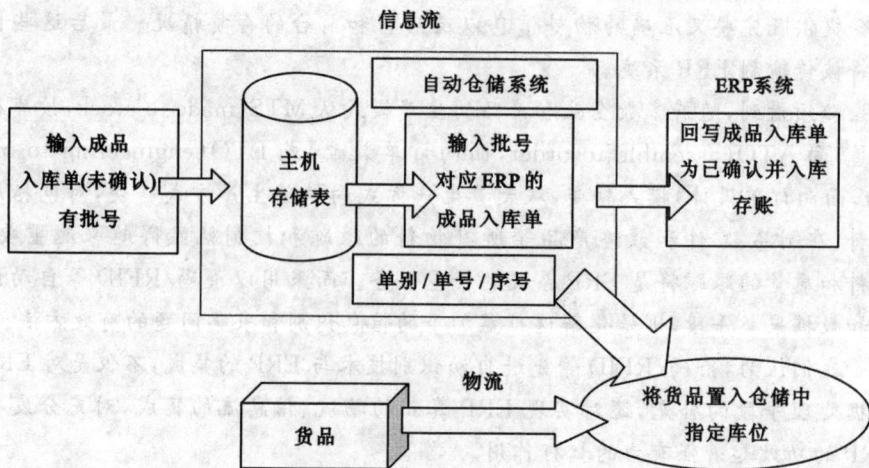

图 6-11 ERP 与自动仓储系统的整合架构图

这是一家精密零件制造工厂的案例,因商品体积非常小,商品种类繁杂,规格差异又不大,属于高单价、高附加价值的商品,存货管理要求较高。因此企业搭建了一套自动仓储系统,来储存及管理这些精密商品。条形码/RFID系统与ERP系统整合主要体现在商品的出入库时,实体与账务之间的整合。

(1)当车间制造成品完成后,将成品交到仓库,并直接在ERP系统输入生产入库单。

(2)当仓管人员接到实体货品,查对ERP批号及实体货品无误时,将实体货品送到自动仓储的入口,在自动仓储系统记录完整的入仓及储位后,启动吊车归位。

(3)自动仓储货品定位时,会将数据信息通知ERP系统来执行单据确认。

从以上业务流程可以看出,账务在ERP系统控管,而成品的实体位置是在自动仓储系统控制的。

【案例三】 ERP与MES系统的整合如图6-12所示。

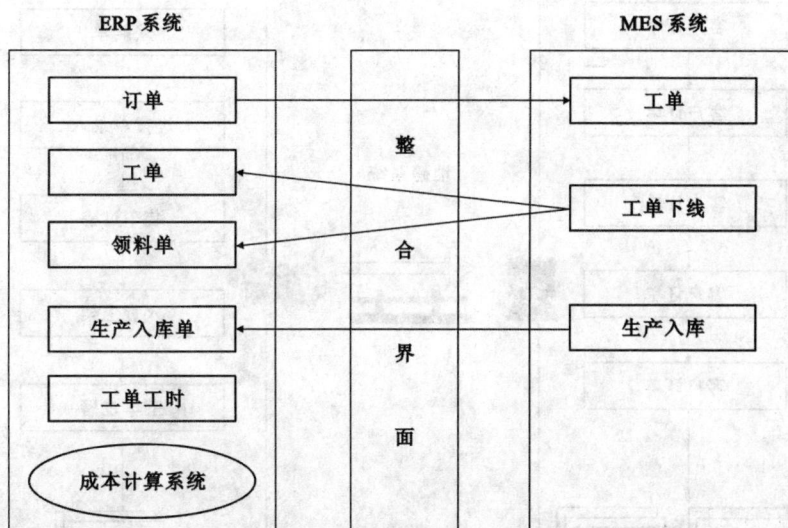

图6-12 ERP与MES系统整合图

自动化的生产形态对高科技产业来说一点都不陌生,生产的派工及执行一般都通过MES系统来计划及执行,然后将其生产过程的信息通过MES系统来搜集、记录、保存与统计分析。

这个案例是企业需要通过MES系统来控制生产程序,但是需要ERP系统来管理接单、采购、存货及计算实际生产成本。所以,两个系统就有了整合的需求。

（1）在 ERP 系统输入订单。

（2）通过整合界面将数据抛转给 MES 系统。

（3）在 MES 系统控制设备的派工与生产,当完工后,将完工的信息包含生产量、机器耗时、人工耗时等数据,通过整合界面同步生成工单信息到 ERP 成本计算系统。

（4）在 ERP 系统中执行成本计算,最终得到完整的商品制造成本。

从以上业务流程可以看出,MES 系统无计算实际成本和存货管理的功能;当然 ERP 系统也无法直接驱动自动化设备、记录设备生产的生产条件等。MES 系统和 ERP 系统是两个技术领域,两家的系统供应商也不会跨越对方的专业领域,所以整合是必经之路。

【案例四】 ERP 与地磅系统的整合如图 6-13 所示。

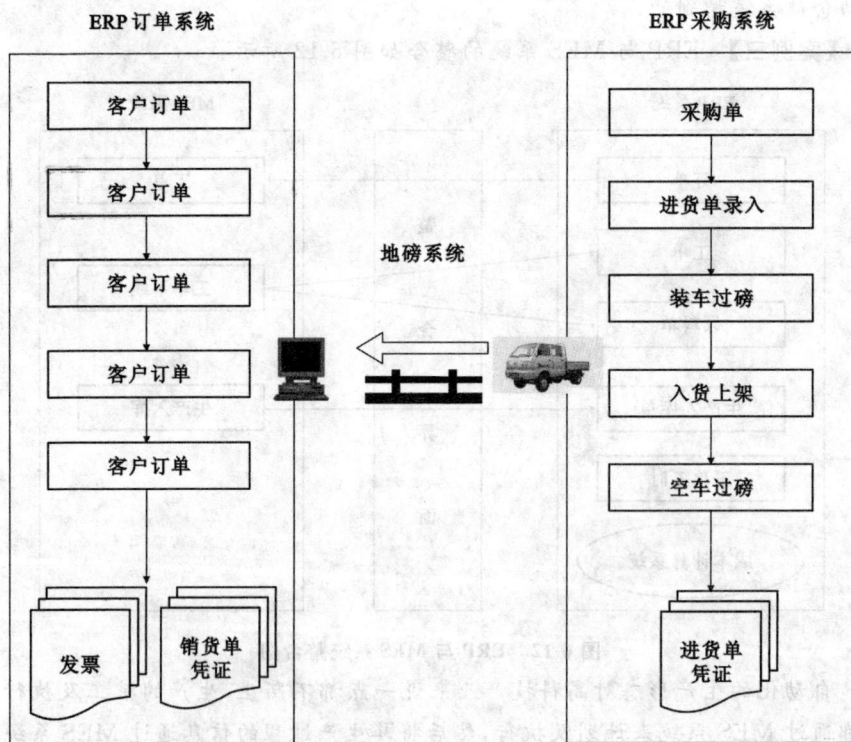

图 6-13 ERP 与地磅系统整合示意图

这是一家钢铁厂的案例,地磅系统是钢铁厂必备的度量工具。ERP 中有采购原物料的进货单、钢筋或钢条的出货单。但正确的计量重量却源于地磅系统的输出信息,如果要解决两个系统中分别录入信息的行政成本,同时又为了防止信息时差或误差等问题,两个系统的整合需求就是必然的。这个案例将系统连接在一起,数据同步,整合虽然不复杂,但是却很实在和实用。

通过以上四个案例,可以体会到ERP的发展与异构管理系统整合的意义及趋势,这些整合并没有想象中困难和复杂,但却会成为未来几年企业信息化的主要项目。希望通过这些案例能帮助读者了解ERP的普及和在企业应用的趋势。

三、ERP信息系统与企业内部控制的关联

如今,企业的管理者越来越意识到必须建立一套完整的内部管理制度,来协助并更有效地管理一家企业。为何要建立管理制度呢?简单地说,建立一套管理机制能让组织的运作更加有效率,这个制度包含组织的分工与授权、作业流程、各项标准及表单、激励与奖惩办法等。

有了一套管理制度,企业就有了做事所遵循的依据。比如当客户来电要求报价时,应该如何填写表单?报价单要经过什么流程的核准才算有效?当生产部门有原物料需求时,如何通知采购部门进行采购流程?采购部门又如何填写采购单?如何进行询价及议价?如何确认采购供应商及价格?如何进行催料?这些都涵盖着表单、流程、组织部门分工与授权。以上这些都可以成为企业的"内部管理制度"。

在上市企业中所提及的"九大交易循环"就是"内部控制制度"的代名词。这九大交易循环包含销售收款循环、采购付款循环、研发循环、生产循环、固定资产循环、薪资循环、投资循环、融资循环、电子数据处理循环。

企业的管理者在设计内部制度时,会考虑企业的营运风险,在做了风险评价分析后,才设计出各种方法来杜绝这些风险。这些风险包含业务流程的不完整、制度设计的不完善、人员的舞弊而导致企业营运成本的增加,甚至有损于企业的获利或商誉等。因此,在设计或规划管理制度时,会将一些关键因素放入制度中,这些因素能有效降低企业营运风险,这就是泛称的内部控制制度。

当企业的营运流程信息化后,尤其在ERP信息系统实施后,信息系统的作业流程取代了传统的人工操作。人工时代的控制大部分已经不复存在,更多的控制是由ERP系统来取代或执行。

所以在学习和研究ERP系统之前,就有必要了解ERP系统的控制模式。了解控制模式的目的,更加有利于在学习ERP系统中更深入理解ERP作业与管理之间的关联。

针对ERP系统中常见的控制模式列举了七种类型,下面对每一种类型的控制方法进行简单的说明。

1.授权控制

信息化最大的效益就是信息和数据的共享,它只拥有信息系统的最高权

限,任何人都可以执行数据的新增、修改、删除、查阅及数据输出。过去有关管理风险的控制是通过制度、组织、分工授权等来进行控管。信息化后就必须依靠 ERP 系统的每一模块作业的权限来控制。

举例来说,"采购管理系统"的"录入供应商信息"是登记供应商基本信息数据的地方,包含供应商的付款信息、地址、电话等。这个基本数据过去是由采购人员来管理,因此当企业信息化后,每一个供应商信息的新增、修改权限也应该由采购人员来管理,不应该授权给仓储人员或业务人员进行新增或者修改。当然对于报表的输出,也要做到权限控管,不允许员工轻易地将书面数据带出工作场所,以防止数据的泄密,如图 6-14 所示。

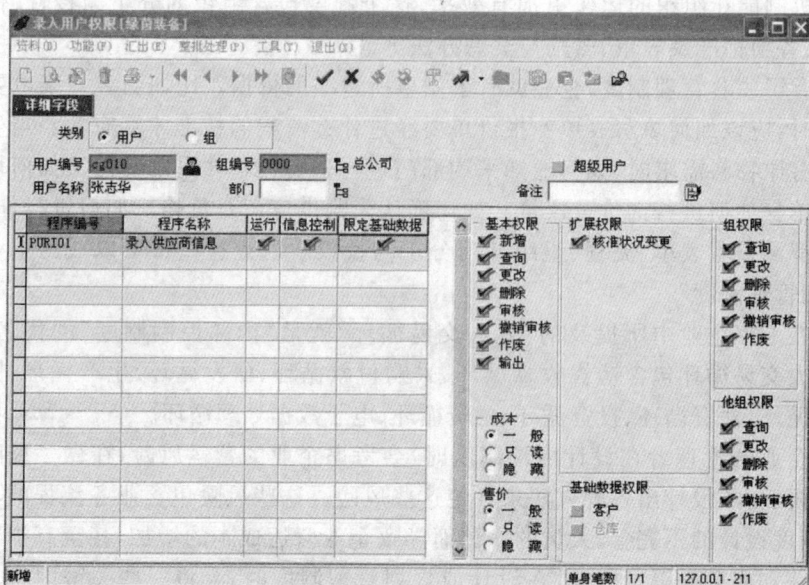

图 6-14　录入用户权限示意图

2. 参数设定

ERP 系统中一般有非常多的参数设定作业。这些参数设定作业一方面是信息系统供应商为了更有弹性地设计 ERP 系统,以面向不同企业管理模式的需求;另一方面是一种控制模式,有些企业在制度上有特殊的规定,这些规定会影响后续业务流程。

举例来说,企业的"存货计价方式"会采用"标准成本制"或者是"实际成本制",不同的选择产生的库存存货价值也是不同的。存货计价方式一般有其延续性,不应该在会计年度期间内随意修改调整。一旦设定后一般都会沿用多年,所以在 ERP 系统上线初期就应该设定完成,如图 6-15 所示。

又例如,企业的"税率",目前规定一般纳税人增值税税率是17%,故可以将税率设在参数设定中,这样在进货及销货时税额就会依据这个"税率"来计算。

需要注意的是,参数设定作业的权限应该要赋予特定专人管理,不得随意修改,否则会影响公司的运作流程,如图6-16所示。

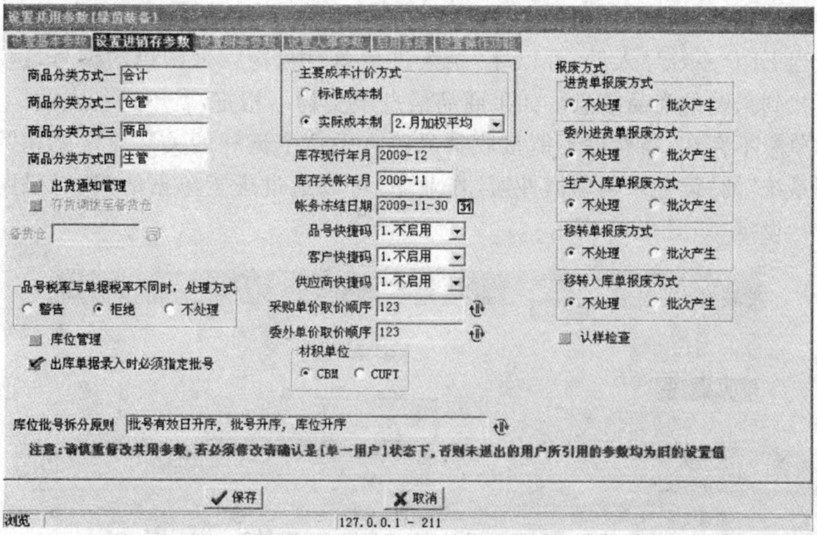

图6-15　设置公用参数——进销存参数示意图

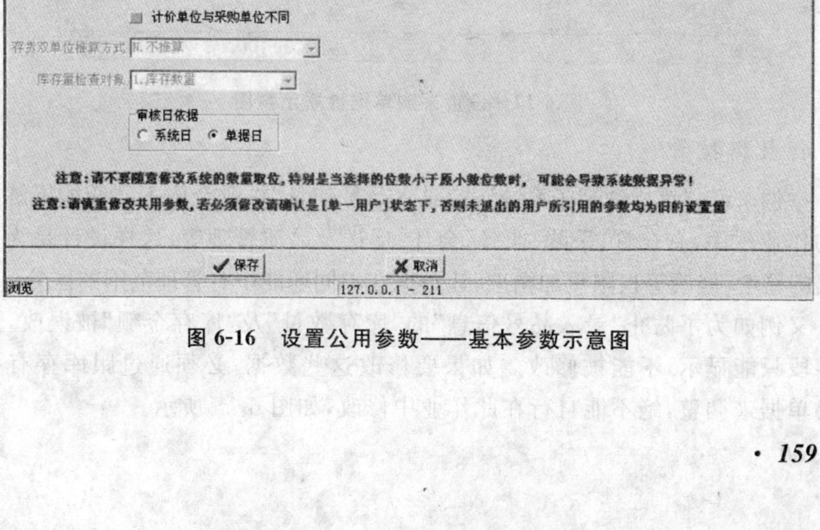

图6-16　设置公用参数——基本参数示意图

3. 流程控管

举例来说，企业在进行收料时，为了确保收料货品的时间、规格、数量都是正确的，通常会要求供应商在送货单上标示出原始的采购单号，以方便收料人员核对采购人员递送过来的采购单（仓储联），核对没问题后，才可以进行点收作业。核对作业常常耗用很多数据检验的时间，并且效率不高。

当 ERP 系统导入后，可以在"录入进货单"中，输入采购单的编号，这样可轻易找到采购的商品信息。如果商品信息跟实物不相符，就不进行点收。如果采购单号不存在，当然更不能接收货品。有关这个流程的关联设定就在"采购管理系统"的"设置采购单据性质"作业中，可以通过进货单据的"核对采购"选项进行设定，如图 6-17 所示。

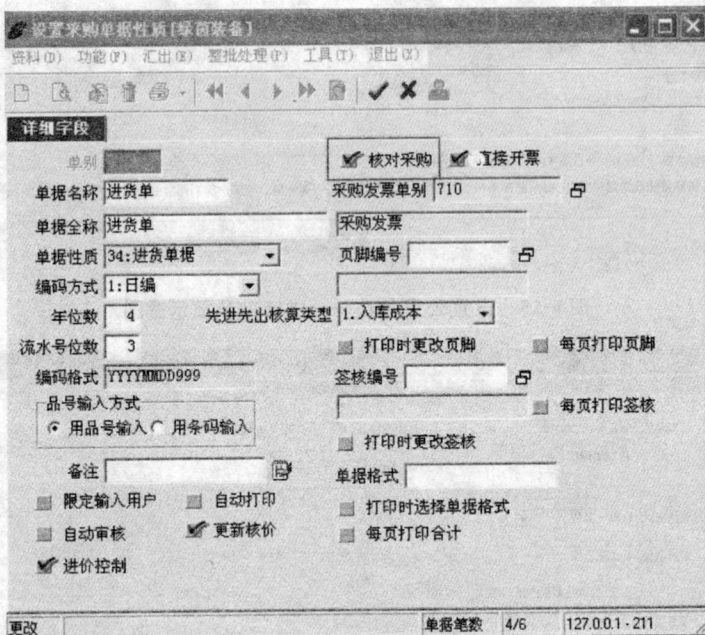

图 6-17　设置采购单据性质示意图

4. 数据控管

举例来说，"存货管理子系统"的"录入品号信息"作业会依不同职能拆解成不同的作业程序，有仓管、采购、业务、会计、运送及品质管理等，这样设计是为了让数据的新增、修改等权限更加精准，让数据在不同职能中有管理范围的区分。

又例如为了防止"录入品号信息"的"库存数量"及"库存金额"被误改，这两个字段只能显示，不能被修改。如果要修改这些数据，必须通过跟库存有关的交易单据来调整，绝不能自行在此作业中修改，如图 6-18 所示。

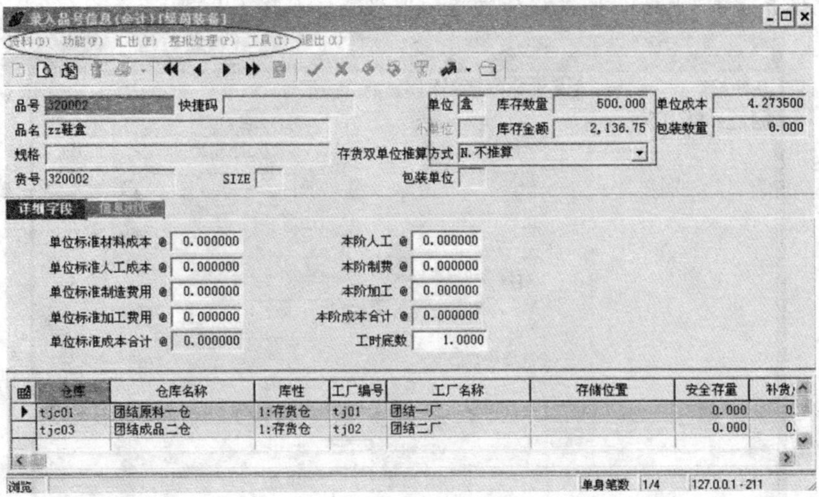

图 6-18 录入品号信息(会计)示意图

5. 实时警示信息提醒

如果仓库在到货点收时,计算机就能提出信息告诉收料者,这笔货品属于缺料中的品号,则有助于仓库人员尽快处理该货品的收料及验收,以降低制造车间停工滞料的时间。

另外,亦可以设计一些条件在实时监控程序中,例如,有延迟进货超过 5 天的或是应收账款超过 60 天的数据,能自动产生报表,以系统短信的方式通知相关人员发生资料异常应尽快处理。

6. 事后差异分析

ERP 中有些作业流程是有风险的,但是为了考虑作业绩效、客户满意度或者工作效率,会有一些简单的决策授权给一线的执行人员,以下举两个例子来说明。

【案例一】 当收料人员进货时,可能会遇到供应商交货的特殊情况,如超收、迟交料、提早收料等情形。这些状况的发生多少都会影响存货的成本,或者造成车间制造费用的增加。但是如果在收料当时逐笔审查、追踪这些状况,又不符合实际管理,因此企业常常会在每月定期地由负责人员来对报表进行分析。"采购管理子系统"中的"供应商供货异常表"就是一张很好的事后分析报表,如图 6-19 所示。

【案例二】 采购人员在进行采购作业时,可能因为特殊状况必须更换主要供货商,或者调整已经经过审核的采购单价。为了让采购业务能够顺利进行,企业一般都会授权给采购人员去管控。但是事后管理者应该有管理机制来分析采购人员做得好与不好,是否有需要进行调整的。"采购管理子系统"中"采购价格异常表”也是一张很好的事后管理报表。如图 6-20 所示。

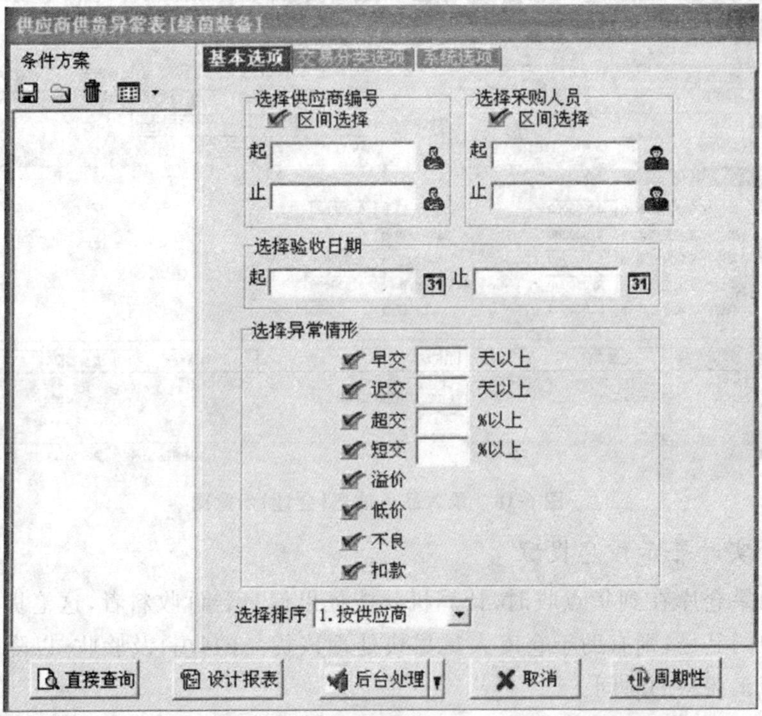

图 6-19　供应商供货异常表

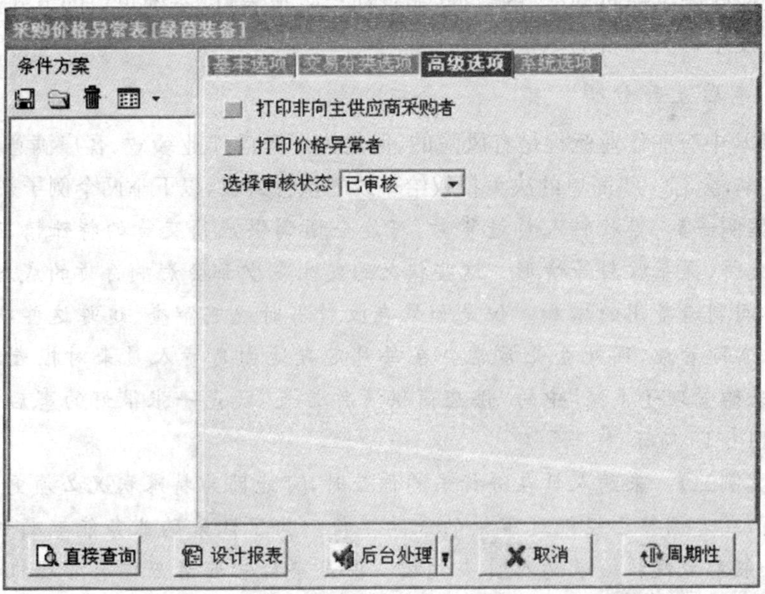

图 6-20　采购价格异常表

7. 利用 IT 技术、网络环境、硬件及技术的控管

这一类型的控制方向可以放在信息安全控管及公司信息安全的策略设定上。

(1)担心企业的内部研发机密外泄,研发部门的信息系统为一个封闭的网络,跟其他信息系统不完全连接,就算有连接,其网络设计业应该相区别。

(2)为防止公司的数据外泄,全部的客户端没有磁盘驱动器,同时禁止使用 USB 可移式的硬件装置。所有刻录设备一律禁止使用。

(3)关键性文件的取用须经过多重的授权,或由数据管理中心统一取得。

(4)设定报表印制中心,特定敏感性报表的输出必须通过统一管理。

企业营运流程尚未信息化前,会分析营运流程的风险,因此会设计很多的制度及标准来防范风险的发生。当企业将作业流程以信息系统来执行或控管后,事实上有些风险会被规避、杜绝或降低。但是,同时也可能产生另外的风险。目前,信息安全策略的管理是这个阶段非常热门的议题,被广泛讨论并建立了很多的机制,甚至发展出很多的技术,都是为了防止或降低信息化所产生的另外风险。

因此,最后提醒所有的 ERP 学习者,除了学习 ERP 系统如何操作外,更应该了解 ERP 信息系统在企业内部管理中所扮演的角色。

四、企业实施 ERP 应有的正确观念

企业经营者对 ERP 实施后的预期效益可以列出很多,例如,降低存货金额 20%,减少间接人员 15%,提升营业额 25% 等,但这些期望夸大了 ERP 的效益,让 ERP 实施供应商在给客户实施上线时,不得不为 ERP 的真正效益捏把冷汗,其实企业的管理能力及执行力的落实才是 ERP 实施成功的关键。

例如,A 企业目前的存货备货时间为 45 天,其中有大约两周的时间是用来防止采购前置时间不稳、排程不准确或者排程变更频繁、BOM 变更频繁。企业能否借助 ERP 的实施来解决这类问题呢,是不是有机会来降低存货备货时间呢? 现在来逐一分析。

①采购前置时间不稳定。这是供应商的产能问题,如何找到稳定的供应商,或另找合格供应商是问题的关键。这一点 ERP 系统无法解决,但 ERP 系统可以提供采购进货的跟催报表,提前与供应商联系,通过采购人员的催料来降低供货迟交率。

②排程不准确或者排程变更频繁。若排程不准确的原因是车间生产管理不当,异常发生的频率过高,停工待料,机器设备异常,换线频率高,插单频繁,工艺质量不良,车间人员出勤不稳定,工具、模具发生异常,等等,这些问题也不

容易因为 ERP 的实施而有明显的改善。但是 ERP 系统可以提供生产排程表、产能符合分析表等报表,及时发现问题,预先解决。

③BOM、ECN(工程变更)变更频繁。BOM 用料变更后,如果是因为变更信息通知不准确,导致生产错误或生产出不良品,那通过 ERP 信息系统的快速响应,是有机会来进行改善的。但是若原始设计不良,必须频繁改善工艺条件用料等,才能让产品质量稳定,这种情况实施 ERP 不会降低 ECN 的次数。

1. 利用 ERP 来执行企业的内部控制,降低营运管理的风险

企业未信息化前,主管对流程及单据的审查核准就是为了授权及风险控制,通过审查让企业的营运风险降低,例如,采购单金额超过 100 万元者,需要经过采购经理审查,且必须经过财务主管审查,因为财务主管需进行有效的营运资金控制。又例如为了降低应收账款的坏账风险,对于应收账款超过信用额度范围的客户,继续接该客户的订单就要通过销售经理的审核。从这两个例子中,可以看出来审核发起必须是以"人"为主动。假设销售人员不跟经理说就接受了,而经理又没有详细地查看每张订单,是无法事前防范的。只能等到财务部门发现应收账款回收状况不良时,才能开始控制。那有没有机会在接单时就能够开始控制呢?利用 ERP 的系统控制,是有机会达成的。

因为 ERP 系统设计时会将企业内部通用性的控制点写成系统参数进行设定或者直接将控制融合于流程中。只要录入的数据条件触发了这些控制点,系统就会自动启动风险控制,有效降低风险损失。以下这些控制点就是 ERP 系统常用的。

(1)进货单可追溯采购单,采购单可追溯进货单,防止供应商供货错误。

(2)应付账款不会重复处理,避免重复付款。

(3)物料需求必须可追溯原始订单或工单,发生需求变更时可快速地调整。

(4)可控制客户的信用额度,降低应收账款坏账风险。

(5)有效的供货商的评核与采购策略等,可以降低质量成本。

2. 利用信息化来改善作业流程,提升作业流程的行政效率

(1)未信息化前的单据签核是走书面凭证核准,而 ERP 系统与电子表单相结合,由系统通过 E-mail 通知,从而缩短单据签核的时间。

(2)自动分录系统将完全解除会计人员录入日常会计凭证的工作负荷。

3. 利用 IT 技术快速处理大量数据的功能,降低人力负荷与人为错误率

(1)通过 MRP 系统来处理大量的采购单及生产工单。

(2)大量的应收账款应付账款的结算,精确处理账款。

(3)生产排程取代人工排程的工作负荷。

(4)产品成本系统,快速结算产品单位生产成本。

4.透过信息的整合,提供各种管理查核报表,协助主管管理与改善

(1)订单逾期未出货明细表,可协助降低客户迟交率。

(2)应收账款账龄分析表,可提供客户信用及账务控制。

(3)采购异常分析表,可降低采购成本或质量成本。

(4)进货异常分析表,可降低存货成本。

(5)停滞料分析,可降低存货及储存成本。

(6)采购超期未交明细表,可降低提供待料的异常发生。

(7)客户 ABC 分析,可协助有效的客户价值管理。

(8)产品 ABC 分析,可协助产品营销管理。

(9)渠道 ABC 分析,可协助渠道的价值管理。

5.透过信息化来整合上下游的信息,提升竞争力

(1)与代工工厂的"多角贸易子系统"进行三边贸易的采购、销货、进货的数据联动及整合,降低数据重复录入的成本及避免人员数据输入错误的风险。

(2)实时用料需求信息与供应商进行信息交流,缩短生产交货时间。

(3)实时提供在线存货信息,使得供应商提前降低双方存货成本。

6.信息分享与整合,将信息提升与知识再创新相结合的新竞争优势

(1)ERP 与 BI 的整合、提升信息价值,为主管提供有效的决策依据或方向。

(2)ERP 与 PDM 或 PLM 的整合。

第七章　实战演练总评方案

【学习重点】

➤ 企业经营指标评价体系。

➤ 按要求完成实训报告。

➤ 综合评价本公司的经营业绩。

➤ 总结、交流经营体会。

【学习难点】

➤ 真实填写与指标体系相关的表格数据。

➤ 严格执行公司内部考核。

企业经营
实训报告模板

一、评分标准卡（简洁版）

评分标准卡如表 7-1 所示。

表 7-1　　　　　　　　　　　　企业综合发展潜力

分类	子项目	评分/分
厂房	新华	15
	上中	10
	华法	5
生产线	手工	5
	半自动	10
	全自动	15
	柔性	20
贷款	紧急贷款（百万）	−20
	长期贷款（百万）	−5
	短期贷款（百万）	−10

续表

分类	子项目	评分/分
技术研发	Crystal	5
	Ruby	10
	Sapphire	15
ISO	ISO 9000	10
	ISO 14000	15
市场开拓	区域	10
	国内	15
	亚洲	20
	国际	25
市场领先	某产品在某市场领先(每项)	10

各企业经营价值综合评估分＝所有者权益×(1＋企业综合发展潜力/100),并根据经营价值分数进行排名。

二、课程成绩考评表

课程成绩考评表如表 7-2～表 7-5 所示。

表 7-2　　　　　　　　　　　　课程成绩考核表

学院＋专业＋学号＋姓名								
考核项目	权重	考核内容	得分	总裁	财务	市场	生产	信息
组织纪律	14%	1.出勤率 100%,缺 4 课时扣 3 分;迟到、早退一次扣 1 分	12					
		2.工作服从调配(由 CEO 负责调配);遵守规章制度;与各成员保持良好的合作关系,主动沟通增进友谊	2					

续表

考核项目	权重	考核内容	得分	总裁	财务	市场	生产	信息
任职能力	16%	1.能时时跟进,追踪工作,准时完成工作任务,胜任本职工作;工作熟练;及时将本部门工作报电脑端工作;作业完成的额外奖励8分	4					
		2.具备良好的理解能力、发现和解决问题能力,及时更新本部门的纸质文档数据	12					
成绩及协调性	70%	1.违规操作一次扣3分	18					
		2.全队系统成绩最终排名(按排名依次递减3分)	27					
		3.每年末账目未平,报教师端强行平账的每年扣1分;私自强行平账的参照违规操作一次扣3分	12					
		4.每年度末综合表现中所占权重(按照系统30分、20分均折算为10分)CEO-盈利/6,CFO-财务/6,CMO-(市场/4＋成长/2)/2,CPO-投资/2,COO-平均	10					
		5.工作失误,按三档(1分、2分、3分)扣	3					
合计			100					

注:绩效考核由 HR 负责人填写,报 CEO 批准并公布。

表 7-3　　　　　　　　　**模拟公司负责人记录表**

模拟职务	学号	姓名	班级	评定成绩
首席执行官(CEO)				
财务总监(CFO)				
市场总监(CMO)				
生产总监(CPO)				
信息总监(CTO)				

注:CTO 负责填制本表,CEO 签字。

首席执行官(CEO)_____

表 7-4   **模拟公司利润表**

资产		1 年度	7 年度
营业收入	+		
营业成本	−		
毛利	=		
营业税金及附加	−		
销售费用	−		
管理费用	−		
财务费用	−		
营业利润	=		
营业外收入	+		
营业外支出	−		
利润总额	=		
所得税费用	−		
净利润(亏损为"−")	=		

表 7-5   **模拟公司资产负债表**

资产		1 年末	7 年末	负债＋权益		1 年末	7 年末
货币资金	+			负债:			
应收账款	+			短期借款	+		
预付账款	+			应付账款	+		
存货				应交税费	+		
其中:原材料	+			其他应付款	+		
成品	+			流动负债合计	=		
流动资产合计	=			非流动负债合计			
固定资产原值	+			负债合计	=		
减:累计折旧	−			股东权益:			
固定资产净值	=			实收资本	+		

续表

资产		1年末	7年末	负债＋权益		1年末	7年末
无形资产	＋			未分配利润	＋		
非流动资产合计	＝			股东权益合计	＝		
总资产	＝			负债和股东权益总计	＝		

首席执行官(CEO)_____

指导教师_____ 完成时间_____

三、运营总结报告

1.公司成员及岗位分工

公司成员及岗位分工登记表如表7-6所示。

表7-6　　　　　　　　　公司成员及岗位分工登记表

姓名	职位

2.财务报表

财务报表如表7-7～表7-9所示。

表7-7　　　　　　　　　资产负债表　　　　　　　单位:百万元

资产	年初数	期末数	负债及所有者权益	年初数	期末数
流动资产:			负债:		
现金			短期负债		
应收账款			应付账款		
原材料			应交税金		
产成品			长期负债		

续表

资产	年初数	期末数	负债及所有者权益	年初数	期末数
在制品					
流动资产合计			负债合计		
固定资产:			所有者权益:		
土地建筑原价			股东资本		
机器设备净值			以前年度利润		
在建工程			当年净利润		
固定资产合计			所有者权益合计		
资产总计			负债及权益总计		

表 7-8　　　　　　　　　　　　　**综合管理费用明细表**　　　　　　　单位:百万元

项目	金额
行政管理费	
广告费	
设备维护费	
设备改造费	
租金	
产品研发	
市场开拓	
ISO 认证	
其他	
合计	

表 7-9　　　　　　　　　　　　　　　　**损益表**

项目	去年	今年
一、销售收入		
减:成本		
二、毛利		
减:综合费用		

续表

项目	去年	今年
折旧		
财务净损益		
三、营业利润		
加:营业外净收益		
四、利润总额		
减:所得税		
五、净利润		

公司运营综合指标得分:_____分,排名:_____。

3.公司总结报告

公司总结报告包括企业概况(企业当前运营情况,如资产、负债、经营产品、市场占有率、产能等);企业运营过程(每年的决策分析和运营情况);收获与感悟。

4.岗位总结与分析

岗位总结与分析包括总裁、财务总监、市场总监、生产总监、信息总监等的岗位总结与分析。

参考文献

[1]　于兆河,李艳杰.企业经营沙盘模拟[M].北京:科学出版社,2011.

[2]　刘平.金蝶 ERP 沙盘实训手册——企业经营沙盘模拟实战对抗[M].北京:清华大学出版社,2011.

[3]　黄娇丹.金蝶 ERP 沙盘模拟经营实验教程[M].北京:清华大学出版社,2016.

[4]　李雪伶.电子商务概论[M].北京:电子工业出版社,2014.

[5]　廖向辉,李敏,罗晓军.Excel 2010 财务应用案例教程[M].上海:上海交通大学出版社,2017.

[6]　ERP 应用教程编委会.ERP 应用基础教程[M].上海:立信会计出版社,2011.